AUS LIEBE ZUM LANDLEBEN

Kochen & Essen

AUS LIEBE ZUM LANDLEBEN

Kochen & Essen

Was die Natur und
das bäuerliche Leben zu bieten haben

von
Barbara Rias-Bucher

Dort-Hagenhausen-Verlag

Inhalt

Vorwort

Leben auf dem Land ist Leben in der Gemeinschaft – mit anderen Menschen, mit Tieren, mit der Natur. Ganz selbstverständlich gehört ein Garten mit Gemüse, Obst und Kräutern zum Haus, oft auch ein Hühnerhof und manchmal sogar der Ziegenstall. Deshalb kochen die Menschen auf dem Land zwar sparsam und oft einfach, doch nur mit den allerbesten Produkten: Was sie nicht selbst haben, holen sie vom Bauern und vom Gärtner, vom Metzger, der noch selber schlachtet, vom Nachbarn, der noch Kühe hält und selber buttert.

Die Küchen auf dem Land sind groß, hell und freundlich. Heimelig sind sie auch und voller wunderbarer Gerüche: Immer häufiger steht darin nämlich wieder ein richtiger Herd, der mit Holz und Kohlen befeuert wird. Diese traditionelle Art des Kochens und Backens erfordert nur ein bisschen mehr Geschicklichkeit, garantiert aber sehr viel mehr Genuss: Es geht einfach nichts über Dampfnudeln, die „über dem Feuer" köcheln, über einen Braten, der stundenlang „im Rohr" schmurgelt, während man gemütlich das ganze Drumherum fürs schöne Sonntagessen zubereitet.

Praktisch sind Landhausküchen natürlich auch, denn gleich nebenan liegt die Speisekammer – kühl und so gut temperiert, dass der Käse nicht friert und die Fleischbrühe nicht sauer wird. Oft führt eine Tür raus in den Küchengarten, wo den ganzen Sommer über wächst, was man täglich braucht: Petersilie und Schnittlauch, Zwiebeln und Knoblauch, Tomaten, Salat und Möhren.

Auf dem großen Tisch in dieser Küche werden Gemüse geputzt, Kartoffeln geschält und Teig gerührt, Kirschen für Marmelade entsteint und Äpfel für den Strudel geschnippelt. Zur Einmachzeit liegt ein Stuhl darauf mit einem Seihtuch zwischen den vier Beinen. Obst zum Entsaften ist drin oder selbst gemachter Quark zum Abtropfen für die Topfennocken, die so gut zum frisch gekochten Zwetschgenröster schmecken.

Kochen und Essen wie auf dem Land ist ein Vergnügen, das Sie auch in der Stadt erleben können. Fast überall gibt es heute ja Wochenmärkte mit frischem Gemüse, Kräutern im Töpfchen. Einkaufen auf dem Bauernhof ist einen Samstagsausflug wert, um Fleisch von artgerecht gehaltenen Tieren, Eier von glücklichen, freien Hühnern, gute Butter und selbst gebackenes Brot zu bekommen.

Natürlich kochen und im Rhythmus der Jahreszeiten leben, ausgezeichnet und dabei urgesund essen – das ist die Botschaft, die Ihnen unser Buch vermittelt. Viel Spaß beim Schmökern, Kochen und Genießen!

Im Rhythmus der Natur: Die Jahreszeitenküche

Die Frühlingsküche hat durchaus mit Glück zu tun: Erstens macht Einkaufen wieder Spaß. Zweitens essen wir guten Gewissens, weil wir soviel Frisches und Gesundes kriegen.

Glückliche Hühner & frischer Spargel

Frühling ist auf dem Land, wenn die Hühner wieder raus dürfen aus dem Stall. Wenn die Apfelbäume blühen und Schwalben ihre Nester in den Kuhstall kleben. Wenn die Stare durch die Wiese trippeln als würden sie nach Wildkräutern suchen. Wenn der Storch endlich auf dem Rathaus sitzt und auf seine Frau wartet. Wenn sich der Wochenmarkt langsam füllt: mit Kunden und mit Ständen. Und wenn dann auch der Kräutermann und der Spargelbauer wieder da sind – dann können wir aufatmen in der lauen Frühlingsluft, tüchtig einkaufen und in unsere Küche gehen mit all den Kräuterbüscheln, Spargelbündeln, frischen Eiern, Salatköpfen, Radieschenbünden und Rhabarberstangen.

Spargelquiche

Für 4–6 Portionen
300 g Mehl
Salz
125 g weiche Butter
etwa 1/8 l Wasser
Fett für die Form
50 g Greyerzer Käse
12–16 Stangen grüner Spargel
1 EL Öl
1 EL Zitronensaft
Salz, Pfeffer
100 ml Milch
100 g Ricotta
3 Eier

Das Mehl mit Salz, Butter und Wasser mit den Knethaken des Handrührgerätes zu einem glatten Teig verarbeiten. Mit einem Löffel in eine gefettete rechteckige Tarteform geben. Den Löffelrücken in kaltes Wasser tauchen und den Teig in der Form verteilen, dabei einen gut fingerbreiten Rand hochdrücken und den Löffel immer wieder in kaltes Wasser tauchen, damit der Teig nicht haften bleibt.

Den Backofen auf 200 °C O/U vorheizen. Den Käse reiben. Den Spargel waschen, im unteren Drittel schälen und holzige Enden abschneiden. Das Öl in einer großen Pfanne erhitzen, Spargelstangen darin bei mittlerer Hitze etwa 3 Minuten unter ständigem Wenden braten. Mit dem Zitronensaft, Salz und Pfeffer würzen und auf dem Teigboden verteilen.

Die Milch mit der halben Menge zerbröckeltem Ricotta und Eiern verrühren und darübergießen. Quiche mit dem restlichen zerkrümelten Ricotta bestreuen und im heißen Backofen (Mitte) etwa 30 Minuten backen, bis sie leicht gebräunt ist.

Ofen-Spargel mit Kräutersahne

Für 4 Portionen
1 kg mitteldicke Spargelstangen
6 EL Gemüsebrühe
1 EL Zitronensaft
1/4 TL Zucker
1/2 TL Salz
Pfeffer
2 EL Olivenöl
1 Handvoll gemischte Kräuter (Petersilie, Schnittlauch, Fenchel, Basilikum, Bohnenkraut, Rucola und Zwiebelgrün)
150 g Sahne

Den Backofen auf 230 °C O/U vorheizen. Den Spargel schälen und holzige Enden abschneiden. Die Stangen nebeneinander auf die tiefe Fettpfanne legen, sodass der Kopf der einen Stange neben dem Ende der anderen liegt.

Brühe mit Zitronensaft, Zucker, Salz, Pfeffer und Öl verrühren und gleichmäßig über die Stangen gießen. Spargel im Backofen (Mitte) etwa 10 Minuten backen, bis er gerade eben bissfest und leicht gebräunt ist.

Inzwischen die Kräuter waschen, trocken tupfen und grob zerkleinern, eventuell harte Stiele dabei entfernen. Mit der Sahne im Mixer pürieren.

Spargel herausnehmen, auf dem Blech mit der Kräutersahne übergießen und dabei leicht schwenken, damit sich der Fond löst. Sofort servieren.

Ein tolles Frühlingsessen zur Eröffnung der Spargelsaison, das allerdings nur mit frisch geernteten Stangen vom Spargelhof gelingt. Nehmen Sie mitteldicke Stangen, die als „2er" verkauft werden. Die Sahne muss gleich nach dem Pürieren über den Spargel gegossen werden: Selbst bei kurzem Stehen im Kühlschrank verfärbt sie sich.

INRI
Maria!

Kräuterspätzle mit Bergkäse

Für 3 Portionen
etwa 3 Handvoll gemischte Kräuter
1/4 l Milch
400 g Dinkelmehl
Salz
geriebene Muskatnuss
3 Eier
50 g Butter
schwarzer Pfeffer
etwa 50 g Bergkäse

Die Kräuter waschen, trocken schleudern und alle harten Stiele entfernen. Die Blätter fein zerkleinern. Mit der Milch in eine Schüssel geben und mit dem Mixstab pürieren.

Das Mehl mit je einer kräftigen Prise Salz und Muskat mischen und mit der Kräutermilch verrühren. Die Eier zugeben und einige Minuten kräftig rühren, bis der Teig Blasen bildet. Zugedeckt 20 Minuten bei Zimmertemperatur ruhen lassen.

Die Butter zerlassen und mit grob gemahlenem Pfeffer würzen. In einem großen Topf reichlich Salzwasser zum Kochen bringen. Den Teig zu Spätzle portionsweise vom Brett schaben oder durch einen Spätzlehobel in das sprudelnd kochende Wasser geben. 1 bis 2 Minuten kochen lassen, bis sie an die Oberfläche steigen.

Jede Portion gare Spätzle mit einem Schaumlöffel herausnehmen, gut abtropfen lassen und in einer vorgewärmten Schüssel mit flüssiger Pfeffer-Butter vermischen. Zugedeckt heiß halten. Zum Servieren auf vorgewärmten Portionstellern anrichten und mit grob geriebenem Bergkäse bestreuen.

Vielleicht mögen Sie es noch ein bisschen deftiger: Räucherspeck in schmale Streifen schneiden. Zwei große Zwiebeln schälen und auf dem Gurkenhobel in feine Ringe hobeln. Alles in der gepfefferten Butter bei schwacher Hitze braten, bis die Zwiebeln weich und goldbraun sind. Die heißen Spätzle damit mischen und mit Käse bestreuen.

Radieschensuppe

Für 4 Portionen
2 Bund Radieschen mit frischem Grün
3 Schalotten
je 1 EL Butter und Olivenöl
800 ml Fleisch- oder Gemüsebrühe
200 g Mascarpone
1/2 TL scharfer Senf
Salz, weißer Pfeffer
2 TL Schnittlauchröllchen

Die Radieschen mit den Blättern waschen, mit einem Küchentuch trocken tupfen und grob zerkleinern. Die Schalotten schälen und würfeln.

Butter und Öl in einem Topf erhitzen. Schalotten mit den zerkleinerten Radieschen darin bei schwacher Hitze 5 Minuten dünsten. Die Brühe zugießen, die Suppe aufkochen und etwa 30 Minuten bei schwacher Hitze kochen.

Die Suppe pürieren und wieder erhitzen, dabei nach und nach den Mascarpone einrühren. Suppe mit Senf, Salz und Pfeffer abschmecken und in vorgewärmte Portionsteller geben. Mit Schnittlauch bestreut servieren.

Die Suppe schmeckt auch kalt: Nach dem Pürieren abkühlen lassen, Mascarpone untermischen und bis zum Servieren kühlen.

Edel und trotzdem gesund

Gute Qualität

Die Stangen sind prall und fest mit glatten, saftigen Schnittflächen; die Schuppen an den Spargelköpfen sind geschlossen. Frische Stangen brechen, wenn man sie leicht biegt.

Schlechte Qualität

Teilweise geöffnete Schuppen am Spargelkopf deuten auf Überlagerung hin. Stangen, die sich zum Ende hin verjüngen, sind meist holzig, gespaltene Stangen können bitter schmecken. Grünspargel mit besonders dünnen Stangen ist zu spät geerntet worden.

Die richtigen Töpfe

Viele eignen sich bestens: die länglichen Bräter, die man auch für Fisch nimmt, oder die hohen für Spaghetti. Für Spargel aus dem Ofen nehmen Sie eine Gratinform oder – wenn Sie viele Leute bewirten – die tiefe Fettpfanne. Gebratener Spargel gelingt in der normalen Pfanne genauso gut wie im Wok. Im Spargeltopf mit Siebeinsatz garen die Stangen stehend. Vorteil dabei: Die Köpfe ragen aus dem Sud und bleiben knackig.

Gesundheitstrank

Der Sud vom Spargel enthält gelöste Vitamine, Mineralstoffe und andere Substanzen, die Ihre Frühlings-Spargelkur unterstützen. Deshalb frisch und möglichst noch lauwarm trinken. Oder wie Fleischbrühe einfrieren.

Nudeln mit Spargel und Estragon

Für 4 Portionen

500 g weißer Spargel
4 Zweige Estragon
400 g Linguine oder Spaghetti
Salz
1 kleine Zwiebel
1 EL Olivenöl
Pfeffer
1 Prise Zucker
200 g Sahne
einige Spritzer Zitronensaft

Den Spargel schälen und holzige Enden abschneiden. Die Stangen in fingerbreite Stücke schneiden. Den Estragon waschen, die Blättchen abzupfen. Für die Nudeln reichlich Wasser mit Salz zum Kochen bringen. Die Zwiebel schälen und fein zerkleinern. Im heißen Öl bei schwacher Hitze glasig braten. Spargel und Estragon zugeben und unter Rühren bei starker Hitze anbraten. Mit Salz, Pfeffer und Zucker würzen. Die Hälfte der Sahne zugeben, aufkochen und den Spargel zugedeckt bei mittlerer Hitze 4 Minuten garen. Parallel dazu die Nudeln im sprudelnd kochenden Wasser garen, dabei die Garzeit um 1 Minute verkürzen. Die restliche Sahne und 1 knappe Schöpfkelle Nudelwasser zum Spargel geben. Bei starker Hitze unter Rühren einkochen, bis die Sauce sämig ist. Spargel mit Zitronensaft und Salz abschmecken. Die Nudeln abgießen, gut abtropfen lassen, zum Spargel in die Pfanne geben, mischen und sofort servieren.

Bauernbrot mit Kräuterkäse

Für 4 Portionen

2 Handvoll Kräuter
1/2 Bund Schnittlauch
250 g Rahmfrischkäse
250 g Quark (20 %)
1 EL weiche Butter
Salz, Pfeffer
1 große Msp. Zucker
4 dicke Scheiben grobes Bauernbrot
Gänseblümchen und Klee zum Garnieren

Die Kräuter waschen, trocken schleudern und alle harten Stiele entfernen. Die Blätter fein zerkleinern. Den gewaschenen Schnittlauch in feine Röllchen schneiden.
Frischkäse, Quark und Butter glatt rühren. Die Kräuter und den Schnittlauch untermischen. Mit Salz, Pfeffer und Zucker abschmecken und auf den Brotscheiben verteilen. Mit den gewaschenen Blättchen und Blüten garnieren.

Endlich ist wieder Saison für Rhabarberkuchen und Hollerküchel.

So schmeckt der Mai

Im Mai kommt unser Landhausglück so richtig in Gang: Die Vögel zwitschern um die Wette, die Sonne wärmt und wir können wieder draußen essen. Ein spätes Sonntagsfrühstück unter blühenden Apfelbäumen und ein gedeckter Kaffeetisch mitten in der Blumenwiese sind wie Urlaub auf dem Bauernhof.

In den alten Kochbüchern kann man ganz deutlich die Maiküche erkennen: Es gibt Kalbfleisch und Kopfsalat in Rahm mit Kräutern, gebratene Hühner, Rhabarberkuchen und frisches Obst. Und so wird noch heute auf dem Land gekocht. Selbst für uns, die wir vor der Kälte in warme Länder fliehen können, ist der Wonnemonat jedes Jahr wieder ein Ereignis. Früher begrüßten ihn die Menschen erst recht mit überschwänglicher Freude: Sie brauchten nicht mehr von Salzfleisch und Hülsenfrüchten, Stockfisch und Sauerkraut, eingelagerten Rüben und Kohl zu leben. Das erste saftige Grün auf den Viehweiden begann nun zu sprießen, die Kühe durften wieder ins Freie und gaben zum Dank richtig gute Milch. Die Speisekammern füllten sich mit Dickmilch, Sahne, Topfen, frischer Butter und Käse. Vieles davon können Sie selber machen: Eine schöne „G'stöckelte", wie dick gelegte Milch in Bayern heißt, gelingt auf der sonnigen Fensterbank und ist ein Genuss mit Zimtzucker und eingeweckten Kirschen oder Zwetschgen aus Ihrem Vorrat. Im Garten wachsen jetzt Spinat und Kräuter, Rettiche und zarte Radieschen. Die ersten Erdbeeren nehmen langsam Farbe an – draußen im Wald und im Mistbeet im Garten; richtig reif sind sie aber erst Anfang Juni.

Doppelt gegart hält besser

Gekochtes und dann paniert gebratenes Fleisch ist Traditionsessen. Nicht weil es so toll schmeckt, sondern weil es gut haltbar war. Als es noch keine modernen Kühlmöglichkeiten gab, hat man helles Fleisch gekocht aufbewahrt und dann nach Bedarf frisch zubereitet und dabei natürlich ein bisschen abgewandelt. Beim Auskühlen im Sud bleibt das Fleisch saftig, das stundenlange Kühlen macht es fest genug zum Schneiden. Die geleeartige Kalbsbrühe können Sie portionsweise als Saucenfond einfrieren. Oder mit Gemüse, Kartoffeln und ausgebratenen Speckwürfeln als gute Suppe zubereiten.

Gebackene Kalbshaxe

Für 6 Portionen

1 1/2 l Wasser
1 TL Pfefferkörner
1 Lorbeerblatt
1 EL Salz
1 Kalbshinterhaxe (ca. 1,5 kg)
1 große Zwiebel
2 Bund Suppengrün
2 EL Zitronensaft
schwarzer Pfeffer
2 Eier
50 g Mehl
150 g Semmelbrösel
150 g Butterschmalz
Petersilie und Zitrone zum Garnieren

Das Wasser mit Pfefferkörnern, Lorbeerblatt und Salz aufkochen. Haxe zugeben, bei starker Hitze rasch bis knapp unter den Siedepunkt erhitzen. Die Zwiebel schälen, das Suppengrün putzen und beide Zutaten unzerkleinert zugeben. Die Temperatur zurückschalten, Haxe bei schwacher bis mittlerer Hitze 1 3/4 Stunden zugedeckt garen.

Das Fleisch aus dem Sud nehmen, etwas auskühlen lassen und als möglichst großes Stück vom Knochen lösen. Wieder in den Sud geben und lauwarm abkühlen lassen. Dann herausnehmen und über Nacht kühlen.

Für die Zubereitung in etwa fingerdicke Scheiben schneiden. Mit Zitronensaft beträufeln, mit Pfeffer aus der Mühle würzen.
Zum Panieren die Eier auf einem Teller verquirlen, Mehl und Semmelbrösel auf zwei anderen Tellern bereitstellen. Das Butterschmalz in einer großen Pfanne erhitzen.
Die Fleischscheiben zuerst im Mehl, dann in den Eiern und zuletzt in den Semmelbröseln wenden. Im heißen Schmalz pro Seite etwa 5 Minuten backen, bis die Scheiben goldgelb sind. Auf einer Platte anrichten, mit Petersilie und Zitronenschnitzen garnieren. Dazu passen verschiedene Salate: Kopfsalat mit vielen Kräutern, Kartoffelsalat mit Gurkensalat gemischt.

Kalb, Lamm und Zicklein sind typisch für die Frühjahrsküche, während Ferkel in den alten Kochbüchern fürs ganze Jahr empfohlen werden.

„Ein Maitag ist ein kategorischer Imperativ der Freude.“
Friedrich Hebbel

Rhabarber mit Streuseln

Den Backofen auf 200 °C O/U vorheizen. Den Rhabarber waschen, putzen und dabei die Fäden abziehen. Die Stangen in knapp fingerbreite Stücke schneiden. Die Bananen schälen und zerdrücken. Die Kekse zerbröckeln.

Alle diese Zutaten mit der halben Menge Zucker, Rum-Rosinen und Orangenlikör vermischen. In einer großen Gratinform verteilen. Für die Streusel die Butter zerlassen. Mehl mit dem restlichen Zucker und dem Zimt mischen. Die flüssige Butter zugießen und alles mit einer Gabel zu Streuseln vermischen. Auf dem Rhabarber verteilen.

Die Form in den heißen Ofen (Mitte) stellen und den Rhabarber etwa 40 Minuten backen, bis er gerade eben weich ist und die Streusel leicht gebräunt sind. Mit Vanillesauce oder Eiscreme heiß oder lauwarm servieren.

Für 4 Portionen

400 g Rhabarber
2 reife Bananen
50 g Nusskekse
250 g Zucker
3 EL Rum-Rosinen
3 EL Orangenlikör
100 g Butter
150 g Mehl
1/2 TL Zimtpulver

Unter blühenden Kastanienbäumen sitzen und die mitgebrachten Leckerbissen genießen.

Im Biergarten

Merkwürdig, dass sich unsere Biergarten-Brotzeit-Vorlieben so wenig ändern: Fleischpflanzerl und Schnittlauchbrot, Obatzdn und hauchdünn geschnittenen Rettich mögen wir immer noch am liebsten. In viele Traditions-Biergärten kann man sich das Essen selber mitbringen und nach Lust und Hunger ergänzen: mit Schweinswürsteln und Kraut, Wurstsalat oder Käse von der Theke.

Kalte Fleischpflanzerl mit fein geschnittenen Essiggurken, Senf und Brot oder Brezeln sind typische Biergarten-Brotzeit.

Fleischpflanzerl zum Mitnehmen

Drei altbackene Semmeln in lauwarmem Wasser einweichen und gut ausdrücken. Eine große Zwiebel schälen und fein würfeln. Beide Zutaten mit 500 g gemischtem Hackfleisch, einem Ei, einer kräftigen Prise Salz, Paprikapulver, 1 EL gehackter Petersilie und 1 TL getrocknetem Majoran in eine Schüssel geben. Alles mit einer Gabel vermischen, dann mit den Händen durchkneten, bis der Fleischteig gleichmäßig glatt ist und gut bindet.

Mit angefeuchteten Händen 8 bis 12 Pflanzerl (Frikadellen) formen und in heißem Öl bei mittlerer bis schwacher Hitze pro Seite etwa 7 Minuten braten. Erst nach dem Abkühlen einpacken.

Obatzda zum Mitnehmen

1 kleine Zwiebel und 1/2 Bund Schnittlauch getrennt ganz fein zerkleinern. 250 g reifen Camembert mit einer Gabel zerdrücken. Zwiebel, je 1 EL weiche Butter und Bier oder saure Sahne zugeben. Als Gewürze je 1 TL mildes Paprikapulver und Kümmelkörner, reichlich Pfeffer und wenig Salz zufügen – je reifer der Camembert, desto salziger schmeckt er. Alles so vermischen, dass die Masse bindet, vom Camembert aber noch Stückchen zu sehen sind. Zum Essen dick auf Bauernbrot streichen und mit dem Schnittlauch bestreuen.

„Wen Bier hindert, der trinkt es falsch."
Gottfried Benn

Dampfnudeln mit Kräutern

Für 4 Portionen
250 g Mehl
1/2 Päckchen Trockenhefe
1/4 TL Zucker
1/2 TL Salz
geriebene Muskatnuss
200 ml Milch
250 g Quark (20 %)
2 Eier
3 Handvoll gemischte Kräuter
1 Zwiebel mit Grün
1 EL Öl
Mehl zum Formen
125 g Sahne
1 gehäufter EL Butter

Das Mehl mit Hefe, Zucker, Salz und einer kräftigen Prise Muskat mischen. 4 EL Milch, den Quark und die Eier zugeben und alles mit den Knethaken des Handrührgerätes etwa 5 Minuten rühren, bis sich der Teig vom Schüsselrand löst. Zugedeckt bei Zimmertemperatur etwa 1 Stunde ruhen lassen, bis er sein Volumen verdoppelt hat.

Inzwischen die Kräuter waschen, trocken schleudern und fein zerkleinern, dabei die harten Stiele entfernen. Die Zwiebel mit dem Grün schälen und fein schneiden. Kräuter und Zwiebel im heißen Öl dünsten, bis die Zwiebel glasig ist. Etwas abgekühlt zum Teig geben und mit einem Kochlöffel untermischen. Mit zwei in Mehl getauchten Esslöffeln etwa Tischtennisball große Kugeln abstechen und auf einem Holzbrett (mit Mehl bestreut) 15 Minuten ruhen lassen.

Die restliche Milch mit der Sahne und der Butter in einem Kochtopf leicht erwärmen. Die Dampfnudeln nebeneinander hineinlegen. Den Deckel auf den Topf legen und die Milch bei starker Hitze zum Kochen bringen. Die Temperatur zurückschalten und die Dampfnudeln gut zugedeckt bei schwacher Hitze 20 Minuten garen.

Dampfnudeln müssen fest zugedeckt garen, sonst fallen sie zusammen. Den Deckel nicht zum Nachsehen abheben, sondern ab und zu mal horchen: Wenn es während der Garzeit leise im Topf knistert, ist die Temperatur richtig und noch soviel Flüssigkeit im Topf, dass die Nudeln eine Kruste bekommen, aber nicht anbrennen.

Krautwickel

Für 4 Portionen
1 Zwiebel
1 Gewürzgurke
200 g Kartoffelpüree
100 g grobe Leberwurst
1 TL abgeriebene Bio-Zitronenschale
1 Ei
1 EL gehackte Petersilie
Salz
1 Kopf Spitzkohl
2 EL Butterschmalz
1/8 l Brühe
100 g Sahne

Für die Füllung die geschälte Zwiebel und die Gewürzgurke fein zerkleinern. Beide Zutaten mit Kartoffelpüree, Leberwurst (ohne Haut), Zitronenschale, Ei, Petersilie und Salz vermischen.
Den Spitzkohl in reichlich Wasser 2 Minuten kochen, bis sich die Blätter leicht ablösen lassen. Spitzkohl herausnehmen und etwas abkühlen lassen. 8 Blätter ablösen und die dicken Rippen flach schneiden.
Jeweils 2 Blätter übereinander auf der Arbeitsfläche ausbreiten, mit Füllung belegen und zu Rouladen rollen. Mit Küchengarn umwickeln.
Krautwickel im heißen Butterschmalz bei mittlerer Hitze rundherum anbraten. Die Brühe zugießen, aufkochen und die Rouladen zugedeckt bei schwacher Hitze 20 Minuten schmoren. Mit Salzkartoffeln servieren.

Und das Gemüse dazu: Den verbliebenen Kohl in Streifen schneiden und mit den Rouladen anbraten. 10 Minuten vor Ende der Garzeit 1 abgezogene, gewürfelte Tomate zugeben, kräftig mit Pfeffer würzen und fertig garen.

Die süßen Monate sind da, und endlich gibt es wieder frisches Obst, das auch bei uns wächst: Gleich Anfang Juni können Sie endlich die Erdbeeren pflücken; am besten übrigens, wenn die Sonne scheint, denn an Regentagen haben die Früchte nicht soviel Aroma.

Rote Grütze

Am liebsten mag ich Beerengrütze dickflüssig: Aus tiefen Tellern gelöffelt mit eiskalter Milch, Sahne oder Vanillesauce dazu.

Etwa 700 g gemischte Sommerfrüchte wie entsteinte Kirschen und Sauerkirschen, Erdbeeren, Johannisbeeren und Heidelbeeren mit 1 Stück Bio-Zitronenschale rasch zum Kochen bringen. 2 EL Vanillepuddingpulver mit 6 EL Rotwein oder Saft anrühren, in das Obst rühren und aufkochen, bis die Grütze bindet. Mit Zucker und Vanillezucker abschmecken – vielleicht auch mit Chiliflocken und Kokoslikör – und mindestens 2 Stunden kalt stellen.

Echte Vanillesauce

Klar, Vanillesauce gibt's aus Tüte und Becher. Aber für die gute Landhausküche macht man sie lieber selber: 1 Vanilleschote der Länge nach mit einem kleinen spitzen Messer aufschneiden und das Mark herauskratzen. 1/2 l Milch mit Vanillemark, Vanilleschote und 1 EL Zucker erhitzen und heiß halten. 2 Eigelbe mit 2 EL Zucker in einem Kochtopf mischen und mit den Quirlen des Handrührgerätes sehr schaumig schlagen. 1 EL Mehl und 1 TL Speisestärke mischen und kräftig unterrühren. Die heiße Milch unter ständigem Rühren zugießen. Den Topf auf die Kochstelle setzen und die Sauce unter Rühren einmal aufkochen, bis sie dick ist. Die Vanilleschote herausnehmen. Den Topf in eine Schüssel mit kaltem Wasser und Eiswürfeln stellen. Die Sauce rühren, bis sie kalt ist. 100 g Sahne halb steif schlagen und unterziehen. Sauce mit geriebener Bio-Zitronen- oder Orangenschale abschmecken.

Himbeerrolle

Den Backofen auf 180 °C O/U vorheizen. Die Eier trennen. Eiweiß und Wasser mit den Quirlen des Handrührgerätes halb steif schlagen. Zucker langsam zugeben und schlagen, bis der Schnee steif, aber elastisch ist.
Alle Eigelbe nacheinander unterrühren, bis der Teig gleichmäßig gelb ist. Mehl und Speisestärke gemischt mit einem Schneebesen unterziehen.
Teig auf einem Backblech mit Backpapier glatt streichen. Kuchenplatte im heißen Backofen (Mitte) etwa 20 Minuten backen. Inzwischen die Himbeeren verlesen, kurz waschen und abgetropft mit der Konfitüre mischen.
Biskuitplatte mit der Papierseite nach oben auf ein feuchtes Küchentuch stürzen und das Papier abziehen. Die Platte mit der Himbeermischung bestreichen, aufrollen und abkühlen lassen. Zum Servieren mit Puderzucker bestreuen und mit Himbeeren garnieren.

Ab Mitte Juni kommen Himbeeren und Johannisbeeren. Jetzt sind auch die Kirschen reif. Auf die Sauerkirschen und die Heidelbeeren müssen wir noch bis Anfang Juli warten.

Für 6 Stücke

4 Eier
1 EL kaltes Wasser
60 g Zucker
2 Eigelbe
75 g Mehl
1 gehäufter EL Speisestärke
250 g Himbeeren
100 g Kirschkonfitüre
Puderzucker zum Bestreuen
Himbeeren zum Garnieren

Dicke Suppe mit Rote Bete

Für 5 Portionen
700 g Rindfleisch zum Kochen (Schaufelstück oder Hesse)
1 Zwiebel
1 Bund Suppengrün
1 Lorbeerblatt
1 TL Pfefferkörner
Salz, Pfeffer
1 kg junge Rote Bete
2 EL Balsamessig
1 EL Rohrzucker
1 TL frische Majoranblättchen
2 EL Mehl
1/8 l Wasser
100 g Schmand

In einem Topf 2 l Wasser aufkochen. Das Fleisch zugeben, bei schwächster Hitze zugedeckt wieder zum Kochen bringen und 1 Stunde garen. Die Zwiebel schälen und halbieren, das Suppengrün putzen und waschen. Mit Lorbeer, Pfefferkörnern und 1 EL Salz in die Brühe geben. Das Fleisch in 1 bis 1 1/2 Stunden knapp unter dem Siedepunkt weich garen.

Die Rote Bete waschen und in reichlich Wasser in etwa 15 Minuten halbweich kochen. Abgießen, kalt abschrecken, schälen und würfeln. Mit Essig, Zucker und Majoran mischen.

Das Fleisch aus der Brühe nehmen, die Brühe durch ein Sieb gießen und wieder in den Topf geben. Rote Bete zufügen und aufkochen. Das Mehl mit Wasser und Schmand glatt rühren und in die Suppe geben. Aufkochen und zugedeckt bei schwacher Hitze 10 Minuten garen.

Inzwischen das Fleisch in Würfel schneiden. In die Suppe geben und noch einmal erhitzen. Mit Salz, Pfeffer, eventuell auch noch Essig und Zucker abschmecken.

Ganz fein zum Sattessen: Frisch gekochte neue Pellkartoffeln in die Teller legen und die Suppe darüber löffeln. Bei mehligen Kartoffeln aus der Herbsternte zerdrücken Sie ein oder zwei Knollen und rühren sie statt Mehl mit dem Schmand in die Suppe.

Machen Sie sich's leicht: Grüner Salat mit vielen Kräutern und helles, krustiges Landbrot sind die besten Beilagen zu den Hähnchen.

Brathähnchen mit Dillblüten

Für 4 Portionen
2 küchenfertige Brathähnchen (je etwa 1 kg)
Salz, Pfeffer
3 kleine Bio-Zitronen
1 Handvoll blühende Dill-Dolden
2 EL Butter
2–3 EL Olivenöl

Den Backofen auf 180 °C O/U vorheizen. Die Hähnchen innen und außen kalt abspülen und mit einem Küchentuch abtrocknen. Innen und außen mit Salz und Pfeffer würzen. Die Zitronen waschen und abtrocknen. 1 Frucht mit der Schale in dünne Scheiben schneiden, die beiden anderen mit einer Rouladennadel einige Male einstechen, damit beim Braten der Saft austritt. Die Dill-Dolden waschen und trocken schütteln und die einzelnen Blütenstände rundherum unter die Haut der Hähnchen schieben. Die ganzen Zitronen in die Bauchhöhle der Hähnchen geben. Die Butter zerlassen, die Hähnchen damit bestreichen, mit der Brust nach unten auf ein Backblech mit Backpapier legen. Mit den Zitronenscheiben umlegen und im heißen Ofen (unten) 40 Minuten braten.

Hähnchen wenden und weitere 40 bis 50 Minuten braten, bis die Haut knusprig braun ist und beim Anstechen der dicksten Stelle der Brust klarer Saft ausläuft. Die Hähnchen während des Bratens zwei- oder dreimal mit Olivenöl bestreichen.

Die Sommerküche

Ländliche Sommerküche ist Gemüseküche – je bunter desto besser. Gemüse kühlt den Organismus und liefert Mineralstoffe, die wir verlieren, wenn uns richtig heiß ist. Und die Flüssigkeit in Pflanzen stillt den Durst viel besser als eine Flasche Wasser.

Wenig Fleisch und viel Gemüse

Richtige Fleischpflanzerl haben Sie im Juni mit in den Biergarten genommen. Jetzt gibt es die Hochsommer-Version mit viel Gemüse – wenn's draußen brütend heiß ist, müssen wir uns ja nicht mit Fleisch noch tüchtig einheizen.

Meine Mischmasch-Pflänzchen

Den Fleischteig wie gewohnt mit 500 g Rinderhack, 1 eingeweichten und wieder ausgedrückten Semmel und 1 Ei zubereiten. Dann kommen noch etwa 2 Tassen kleine Zucchini- und Möhrenwürfel, etwa 2 EL fein zerkleinertes Zwiebelgrün, Knoblauch und reichlich Petersilie dazu. Alles gut mischen, Frikadellen aus dem Teig formen und in einer Pfanne mit Olivenöl langsam bei mittlerer Hitze auf beiden Seiten schön braun braten. Dazu schmeckt Salat mit allem, was Ihr Gärtner oder Garten gerade an Frischem bietet. Und wenn die Frühkartoffeln schon reif sind, können Sie ein paar als Pellkartoffeln kochen, etwas auskühlen lassen und in Stücke geschnitten gleich mit unter den Salat mischen. Wichtig sind viele Kräuter: Dill, ein bisschen Koriandergrün, Schnittlauch, ein paar Bohnenkrautblättchen und Rucola.

Sommersuppe mit Schweinefilet …

… kriegt durch erntefrisches Gartengemüse ein tolles Aroma: Erbsen – etwa 200 g – aus den Hülsen lösen. Je 2 mittelgroße Pastinaken und Teltower Rübchen waschen, schälen und in Stücke schneiden.

Selbst gekochte Brühe mit einem kleinen Bio-Zitronenstück in einem Topf erhitzen. Das Gemüse darin aufkochen und bei mittlerer Hitze in etwa 7 Minuten knackig-bissfest kochen. Die Suppe mit frisch gemahlenem Pfeffer würzen. In jeden Suppenteller einige Scheiben gebratenes Schweinefilet legen, die Suppe darüber verteilen und mit Schnittlauchröllchen bestreuen.

Balsamico-Hähnchen

Für 4 Portionen

4 Hähnchenkeulen
100 ml Balsamessig
1/4 l trockener Rotwein
1 Zweig Thymian
1 Lorbeerblatt
Salz, Pfeffer
1 EL Mehl
250 g kleine junge Zwiebeln
250 g kleine rosa Champignons
75 g Räucherspeck
2 EL Olivenöl

Die Hähnchenkeulen kalt abspülen und trocken tupfen. Mit Balsamessig, Wein, Thymian und Lorbeerblatt in eine Schüssel geben und zugedeckt 12 Stunden kühlen. Dabei hin und wieder wenden. Für die Zubereitung die Keulen aus der Marinade nehmen und trocken tupfen. Mit Salz und Pfeffer würzen, mit dem Mehl bestäuben. Die Zwiebeln und die Pilze waschen und trocken tupfen. Den Speck in Streifen schneiden und im heißen Öl glasig braten. Auf einen Teller geben und die Hähnchenkeulen im Speckfett rundherum braun anbraten. Ebenfalls wieder herausnehmen. Zwiebeln und Pilze im Fett anbraten. Fleisch und Speck wieder zugeben und stark erhitzen. Die Marinade zugeben und den Bratfond damit lösen. Thymian und Lorbeer zufügen, alles aufkochen und die Hähnchenkeulen zugedeckt bei mittlerer bis schwacher Hitze 30 Minuten garen.

Sie brauchen einen milden, fruchtigen Balsamessig, der aber nicht zu schade zum Kochen ist. Manche Hersteller geben die Qualität mit Sternen auf der Flasche an: Nehmen Sie einen 2-Sterne-Essig.

Schweinefilet Rosmarin

Für 4 Portionen
500 g Schweinefilet
Salz, Pfeffer
2 EL Olivenöl
2–3 Tomaten
3 Zweige Rosmarin

Den Backofen auf 270 °C O/U vorheizen. Das Filet trocken tupfen, mit Salz und Pfeffer würzen, in eine flache ofenfeste Form legen und mit dem Öl beträufeln. Die Tomaten waschen. Mit dem gewaschenen Rosmarin um das Filet legen. Das Filet in den heißen Backofen (Mitte) schieben und 10 Minuten garen. Den Ofen abschalten und das Filet weitere 20 Minuten garen, dabei die Ofentür nicht öffnen. Das Filet entweder aus der Form mit Landbrot oder gebackenen Kartoffeln und mit Salat servieren, oder in einer Gemüsesuppe anrichten. Sie können mit dem Fond in der Form und etwas Sahne auch eine beliebige Sauce zubereiten und die Filetscheiben darin servieren.

Bevor der Sommer geht …

… müssen wir noch mal in die vollen Gemüse- und Obstkörbe greifen. Am besten Leute zum Essen einladen und die letzten schönen Tage draußen genießen. Machen Sie's unkompliziert: Mit süßsauer abgeschmeckter Gemüsepfanne auf Röstbrot und buntem Salat. Rotwein passt dazu so gut wie Schorle oder Bier.

Gemüsepfanne

Die späte Ernte vom Beet wird gebraten und süßsauer abgeschmeckt: Zucchini, Auberginen, Paprikaschoten, Zwiebeln, Tomaten – rot oder noch grün – vorbereiten, grob zerkleinern und schichtweise in einen Bräter geben. Ein paar Thymianzweige und Salbeiblättchen dazwischen schieben. Alles mit braunem Zucker bestreuen – 2 EL auf 1 kg

Wer Fleisch zum Sommer-Abschiedessen mag, baut noch mal den Grill auf – für Lammkoteletts, Würstchen und die letzten Spareribs in diesem Jahr …

Gemüse reichen – mit Pfeffer aus der Mühle und wenig Salz würzen und zugedeckt in den vorgeheizten Backofen schieben. Bei 220 °C O/U etwa 30 Minuten schmoren. Herausnehmen und 30 Minuten abkühlen lassen. Den Schmorfond in einen Topf gießen, mit 5 bis 6 EL mildem Weißweinessig mischen und dickflüssig einkochen.
Das Gemüse damit mischen und mindestens 6 Stunden kühl stellen. Mit 2 EL gehackter Petersilie mischen und zu geröstetem Landbrot servieren.

Herbstsalat mit Käsespänen

Nehmen Sie alle Blattsalate, die jetzt dran sind: Kopfsalat ist schön knackig bis Ende September, dann wird es ihm zu kalt. Radicchio ist noch nicht zu bitter, zarten Rucola muss man schon ein bisschen suchen. Rote Zwiebeln – am besten die langen, weil sie besonders mild sind – und ein paar Kräuter geben Aroma. Das Dressing machen Sie mit frisch gepresstem Apfelsaft, mildem Weißweinessig, etwas Hagebuttensenf und Oliven- oder Sonnenblumenöl. Wenn der Salat gemischt ist, kommen gebratene Pilze und hauchdünne Parmesanspäne darüber.

Mit Pilzen kochen

Die Wilden aus dem Wald sind inzwischen eine Kostbarkeit, die man gut behandeln muss. Richtige Landhaus-Köchinnen machen deshalb keine Schwammerl-Experimente, sondern halten sich an die Tradition: Es gibt Pilze für die Suppe, zum Braten und getrocknet für Saucen. Manche schmecken solo am besten, andere gehören in ein Mischpilzgericht.

Am besten mit Sahne

Pfifferlinge, Steinpilze und alle anderen Röhrenpilze schmecken wunderbar in Sahnesauce. Das Aroma kommt mit süßer Sahne noch besser zur Geltung als mit Sauerrahm, Crème fraîche oder Schmand.

Aus der Pfanne

Für geröstete Pilze eignen sich Pfifferlinge – besonders bekannt und beliebt sind die „Eierschwammerl" mit viel Petersilie und verquirltem Ei. Der edle Perlpilz, alle Täublingsarten und Pilze, die Milch enthalten wie Reizker und Brätlinge schmecken am besten mit Zwiebel, Knoblauch und Petersilie in der Pfanne kräftig geröstet. Wie ein Schnitzel paniert wird der Hut des großen Schirmlings, auch Parasol genannt.

Getrocknet ... gemischt ... gekauft ... gesucht

... und für Sauce und Suppe nimmt man Herbsttrompeten, Habichtspilze, Maronenröhrlinge und andere Röhrlingsarten mit festem Fleisch.

Ein gutes Mischpilzessen macht man mit Arten, die solo eher langweilig schmecken: Scheidenstreifling, Waldchampignon, Butterpilz, Kuhmaul und Semmelstoppelpilz. Dazu kommen noch ein paar Aromastarke wie Steinpilz, Maronenröhrling und Pfifferling. Oft gibt es leider nicht alle Arten, die ich hier aufgezählt habe. Außerdem schmecken Wildpilze vom Markt oder Gemüsehändler nicht so aromatisch, weil sie einfach zu lange unterwegs sind. Nehmen Sie lieber ganz frische Zuchtpilze, die Sie mit Trockenpilzen zubereiten.

Sammeln darf nur, wer sich wirklich auskennt. Sonst kann ein Pilzessen lebensgefährlich sein.

Schwammerlsuppe

Die Pilze putzen, kurz waschen, gut trocken tupfen und in dünne Scheiben schneiden. Die Zwiebeln schälen und in Ringe schneiden.

Die Butter erhitzen, Zwiebelringe darin bei schwacher Hitze glasig braten. Die Pilze zugeben und bei starker Hitze unter ständigem Rühren etwa 2 Minuten braten. Das Mehl unterrühren, Pilze zugedeckt bei schwacher Hitze 5 Minuten dünsten, bis sich Flüssigkeit gebildet hat. Die Brühe und die Sahne untermischen und einmal aufkochen. Zugedeckt bei schwacher Hitze 5 Minuten garen. Die Schwammerlsuppe mit Salz, Pfeffer und Zitronensaft abschmecken und auf vorgewärmte, tiefe Teller verteilen. Mit Semmelknödeln oder Bauernknödeln servieren.

Für 4 Portionen
600 g Mischpilze
1 Zwiebel
2 EL Butter
1 gehäufter EL Mehl
1/4 l Fleischbrühe
150 g Sahne
Salz, weißer Pfeffer
1 EL Zitronensaft

Kartoffelpfanne mit Pfifferlingen

Für 4 Portionen
400 g gekochte Pellkartoffeln
200 g frische Pfifferlinge
1 große Zwiebel
2 EL Butterschmalz
1 EL gehackte Petersilie
Salz, Pfeffer

Die Kartoffeln schälen und in Scheiben schneiden. Die Pfifferlinge putzen, eventuell kurz waschen und gut trocken tupfen. Große Pilze in Stücke schneiden. Die Zwiebel schälen und in dünne Ringe schneiden. Das Schmalz in einer großen beschichteten Pfanne erhitzen. Kartoffeln, Pfifferlinge und Zwiebeln darin bei starker Hitze unter Wenden anbraten. Bei mittlerer Hitze zugedeckt 10 Minuten braten. Dabei mehrmals wenden. Die Petersilie untermischen. Salz und groben Pfeffer aus der Mühle zugeben und alles unter Rühren noch etwa 2 Minuten rösten.

Bratwurstklößchen mit Sellerie und Kartoffelgratin

Für 4 Portionen
5 mittelgroße mehlige Kartoffeln
Fett für die Form
Salz, Pfeffer
200 g Sahne
100 g Milch
1 EL Butter
8 rohe Bratwürste
4 Stangen Sellerie
1 Zwiebel
2 Tomaten
1 EL Öl
Chiliflocken

Den Backofen auf 220 °C O/U vorheizen. Die Kartoffeln schälen, waschen, in dünne Scheiben schneiden und in eine gefettete Gratinform schichten. Mit Salz und Pfeffer würzen, die Sahne und die Milch zugießen und die Butter in kleinen Stücken darauf verteilen. Gratin im heißen Backofen (Mitte) etwa 40 Minuten backen, bis die Kartoffeln weich sind, die Flüssigkeit aufgesogen und die Oberfläche schön gebräunt ist.

Die Bratwürste in fingerbreite Stücke schneiden oder die Wurstmasse als Klößchen aus der Haut drücken. Selleriestangen waschen und quer in Stücke schneiden. Die Zwiebel schälen und in Ringe schneiden. Die Tomaten abziehen und würfeln.

Das Öl in einer Pfanne erhitzen. Bratwurst, Sellerie und Zwiebel darin unter Wenden kräftig anbraten. Mit Chiliflocken und Salz würzen. Die Tomaten untermischen und nur erhitzen, aber nicht schmoren, damit sie nicht weich werden. Zum Gratin servieren.

Zwetschgentörtchen

Für 6 Törtchen
3 Becher Vanillepudding (je 150 g)
150 ml Milch
2 Eier
1 TL abgeriebene Bio-Zitronenschale
150 g Butterkekse
24 Zwetschgen (etwa 500 g)

Pudding mit Milch, Eiern und Zitronenschale verrühren. Die Kekse zerbröckeln, damit mischen und alles 10 Minuten ziehen lassen.

Den Backofen auf 200 °C O/U vorheizen. Die Zwetschgen waschen, halbieren und entsteinen.

Die Mulden eines Minikuchen-Blechs mit Streifen von Backpapier auslegen, damit man die fertigen Törtchen herausheben kann. Die Mulden mit der Keksmischung füllen und mit je 4 Zwetschgen belegen. Im heißen Backofen (Mitte) etwa 45 Minuten backen. In den Formen etwas ruhen lassen und heiß oder lauwarm mit Schlagsahne oder Vanilleeis servieren.

Blaues Kartoffelgulasch

Die Kartoffeln schälen, waschen und würfeln. Die Zwiebel schälen und fein zerkleinern, den Speck in feine Streifen schneiden.

Alle diese Zutaten im heißen Öl bei mittlerer bis schwacher Hitze anbraten, bis Zwiebel und Speck glasig sind. Das Paprikapulver untermischen, die Brühe zugeben, aufkochen und die Kartoffeln zugedeckt bei mittlerer bis schwacher Hitze in etwa 20 Minuten weich garen.

Kapern, Petersilie und Schmand untermischen, das Kartoffelgulasch mit Salz und Pfeffer abschmecken.

Für 4 Portionen

1 kg blaue Kartoffeln
1 große Zwiebel
50 g Räucherspeck
1 EL Öl
1 EL mildes Paprikapulver
1/4 l Fleischbrühe
3 EL Kapern
1 EL gehackte Petersilie
100 g Schmand
Salz, Pfeffer

Blaue Kartoffeln wie französische „Vitelotte", deutsche „Hermanns Blaue", tschechische „Valfi" oder britische „Shetland Blue" bekommen Sie auf großen Märkten oder als Pflanzkartoffeln zum selber Anbauen. Ich mag „Herrmanns" am liebsten, weil man sie – außer für Salat – für jedes Kartoffelgericht nehmen kann.

Möhren, Kartoffeln und Äpfel kommen nun frisch aus neuer Ernte auf den Markt.

Herbstzeit-Essen regional

Gefüllte Zwiebeln aus Baden

Für 6 Portionen
12 mittelgroße Zwiebeln
3 EL Olivenöl
2 Zweige frischer Thymian
2 EL Pinienkerne
250 g Schweinemett
1 Ei
1 TL abgeriebene Bio-Zitronenschale
Salz, Cayennepfeffer
2 EL Semmelbrösel
2 EL Butter

Den Backofen auf 220 °C O/U vorheizen. Die Zwiebeln waschen, trocken reiben und in einer ofenfesten Form verteilen. Mit dem Olivenöl beträufeln und im heißen Ofen (unten) in etwa 30 Minuten weich und braun backen. Herausnehmen und soweit abkühlen lassen, dass man sie anfassen kann. Die Zwiebeln mit einem scharfen Messer halbieren und das Innere vorsichtig herauslösen, sodass nur zwei dicke Außenhäute übrig bleiben. Aufrecht nebeneinander wieder in die Form setzen.

Für die Füllung das Zwiebelinnere fein zerkleinern. Mit den abgezupften Thymianblättchen, gehackten Pinienkernen, Schweinemett, Ei und Zitronenschale mischen, mit Salz und Cayennepfeffer kräftig würzen. Die Zwiebeln damit füllen, mit Semmelbröseln bestreuen und mit Butterflöckchen belegen. Unter den heißen Backofengrill schieben und etwa 5 Minuten gratinieren.

Herbst-Zwiebeln sind saftig und schön mild: Wir füllen sie mit Mett und Kräutern und essen Pellkartoffeln oder selbst gebackenes Brot dazu.

Motten und Klöße aus Hessen

Für 4 Portionen
1 kg mehlige Kartoffeln
600 g Schweinenacken
Salz, Pfeffer
2 EL Butterschmalz
1 l heiße Fleischbrühe
1,5 kg Möhren („Motten")
1 Zwiebel
2 Weizenbrötchen vom Vortag
knapp 100 ml heiße Milch
1/2 TL mildes Paprikapulver
geriebene Muskatnuss
1 Ei
2 EL gehackte Petersilie

Die Kartoffeln am Vortag mit der Schale als Pellkartoffeln weich kochen, schälen und zugedeckt in den Kühlschrank stellen. Für die Zubereitung das Fleisch mit Salz und Pfeffer würzen. Das Butterschmalz in einem großen Topf erhitzen. Das Fleisch darin rundherum braun anbraten. Etwa 1/8 l Brühe zugießen und das Fleisch zugedeckt bei schwacher Hitze 40 Minuten schmoren. Inzwischen die Möhren schälen, waschen und in 3 cm lange, etwa fingerdicke Stifte schneiden. Die Zwiebel schälen und würfeln.

Die Brötchen würfeln und in einer Schüssel mit der heißen Milch mischen. Die gekochten Kartoffeln reiben, mit Salz, Pfeffer, Paprika, Muskat und Ei in einer anderen Schüssel verrühren. Die Brötchen mit einer Gabel zerkleinern, zu den Kartoffeln geben und alles mit den Händen zu einem Teig mischen. Sofort mit angefeuchteten Händen 8 Klöße formen.

Das Fleisch herausnehmen. Möhren und Zwiebel in den Bratfond geben und darin unter Rühren kurz dünsten. Mit Salz und Pfeffer würzen. Den Rest der kochend heißen Brühe an den Seiten zugießen, die Klöße auf die Möhren legen. Zum Kochen bringen und die Klöße zugedeckt bei schwacher Hitze 20 Minuten garen. Inzwischen das Fleisch in Würfel schneiden. Wieder zu den Möhren geben und noch 10 Minuten im Eintopf heiß werden lassen. Motten und Klöße mit der Petersilie bestreut servieren.

Möhren sind natürlich typisch für diesen Eintopf. Aber Sie können auch mit Pastinaken und Herbstrüben ergänzen.

Die Klöße zu den Motten

Bei den Klößen machen hessische Landhausköchinnen Unterschiede: Mal werden sie rund geformt, mal länglich. Fast immer macht man sie mit gekochten Kartoffeln, in Vogelsberg auch mit Grieß. Ich mag das Essen auch mal mit bayerischen Bauernknödeln, die man schnell und einfach kochen kann: 2 Semmeln würfeln und in Butterschmalz knusprig braun braten. Abkühlen lassen. Inzwischen aus 200 g Mehl, 1/2 TL Trockenhefe, Salz, 3 Eigelben und 5 EL Milch einen dicken Teig rühren. 3 Eiweiß steif schlagen und unterziehen. Den Teig mit einem Esslöffel zu unregelmäßig geformten Klößen abstechen und in reichlich sprudelnd kochendes Salzwasser geben. Die Bauernknödel einmal aufkochen und im halb bedeckten Topf bei schwacher Hitze knapp unter dem Siedepunkt in etwa 15 Minuten gar ziehen lassen. Gut abgetropft zum Eintopf servieren.

Apfelküchlein aus Sachsen

Die Kartoffeln schälen und zweimal durch die Kartoffelpresse drücken. Die Äpfel vierteln, vom Kerngehäuse befreien und grob raspeln. Mit dem Kartoffelbrei, Eiern, Zucker, eine Prise Salz und Mehl vermischen.
Etwa daumengroße Rollen formen. In Stücke schneiden und zu etwa Handteller großen Fladen auseinander drücken.
In einer großen schweren Pfanne Butterschmalz erhitzen. Die Küchlein darin portionsweise auf beiden Seiten goldbraun backen. Auf Küchenpapier kurz abtropfen lassen. Mit Zimt und Zucker bestreut servieren.

Für 8 Portionen
500 g mehlige Pellkartoffeln vom Vortag
2 große mürbe Äpfel
2 Eier
50 g Zucker
Salz
200 g Mehl
100 g Butterschmalz zum Backen
Zucker und Zimt zum Bestreuen

Deftiges Landfrauen-Essen mit Speck und Käse, Milch und Butterschmalz.

Herbstküche zum Sattwerden

Früher, als Kolonialwaren wie Zitronen, Muskat und Pfeffer für viele Hausfrauen unerschwinglich waren, nahmen sie Zwiebeln als einzige Würze.

Im September und Oktober sind die Zwiebeln reif, und die finden Sie in fast allen herzhaften Gerichten vom Land. Kein Wunder, denn sie wachsen in jedem Garten, brauchen keine Pflege und das Zwiebelgrün kann man ernten, wenn der Schnittlauch bereits blüht und zu scharf schmeckt. Richtig gelagert, halten sie den ganzen Winter über.

Herzhafte Sache

Wenn Sie heute im Gasthaus einen Schmarren bestellen, bekommen Sie fast immer Kaiserschmarren – lockere, goldgelbe Stückchen mit reichlich Puderzucker. Doch das ist keine alte Bauernküche, sondern eine feine Nachspeise.

Der „Urschmarren" vom Land ist herzhaft wie unser Semmelschmarren. Denn Zucker und Honig konnte sich nicht jedermann leisten. Und Leute, die den ganzen Tag schwer schuften mussten, brauchten was Kräftiges auf dem Teller, am besten noch mit richtig viel Fett – erst heute so verpönt, weil wir in einem Überfluss leben, den es bis vor 50 Jahren nur für ganz wenige Menschen gab. Entstanden ist der Schmarren aus Getreidebrei oder eingeweichtem Brot, das die Bauern aßen. Hausfrauen, die nicht sparen mussten, brachten dann Abwechslung ins tägliche Essen. Sie machten den dicken Brei mit Eiern nahrhafter und buken ihn in reichlich Schmalz oder Butter. Sparen Sie also nicht mit Schmalz beim Schmarren – Kalorienzählen passt nicht zur Landhausküche.

Zwiebelsuppe

Für 6 Portionen
400 g Zwiebeln
2 EL Butterschmalz
1/2 EL Mehl
1 TL mildes Paprikapulver
1/4 l trockener Weißwein
1 l Fleischbrühe
Salz, Pfeffer
1 TL Zucker
etwas abgeriebene Bio-Zitronenschale
1–2 EL Zitronensaft
4 fingerdicke Scheiben Baguette
4 EL geriebener Bergkäse
1 EL gehackte Petersilie

Die Zwiebeln schälen, in dünne Ringe hobeln und im heißen Butterschmalz bei schwacher Hitze unter häufigem Wenden anschwitzen, bis sie glasig und leicht goldgelb sind.

Mehl und Paprika darüberstreuen. Den Wein zugießen und bei mittlerer bis starker Hitze auf die Hälfte einkochen lassen. Die Brühe zugießen, erneut aufkochen und die Zwiebeln zugedeckt bei schwacher Hitze in etwa 20 Minuten sehr weich garen.

Den Backofen auf 220 °C O/U vorheizen. Die Suppe mit Salz, Pfeffer, Zucker, Zitronenschale und Zitronensaft abschmecken und in 4 große ofenfeste Suppenschalen füllen. Die getoasteten Baguettescheiben auf die Suppenportionen legen, mit Käse und Petersilie bestreuen. Die Schalen auf den kalten Backrost stellen, in den heißen Ofen (Mitte) schieben und die Suppe etwa 10 Minuten gratinieren, bis der Käse zerlaufen und leicht gebräunt ist.

Semmelschmarren mit Speck und Käse

Für 4 Portionen
4 Semmeln vom Vortag (Brötchen)
150 ml Milch
1 mittelgroße Möhre
2 EL Butterschmalz
3 EL geriebener Bergkäse
2 EL gehackte Petersilie
2 Eier
Salz
geriebene Muskatnuss
4 Scheiben magerer Räucherspeck

Die Semmeln in dünne Scheiben schneiden und mit der lauwarmen Milch übergießen. Etwa 30 Minuten quellen lassen, bis die Milch aufgesogen ist. Inzwischen die Möhre schälen und in dünne Scheiben schneiden. Das Butterschmalz in einer großen beschichteten Pfanne erhitzen. Die Möhrenscheiben darin bei mittlerer Hitze anbraten.

Die Semmeln mit Käse, Petersilie, Eiern, Salz und Muskatnuss vermischen, bis der Teig bindet. Auf den Möhren glatt streichen und zugedeckt bei schwacher Hitze etwa 10 Minuten backen, bis er an der Unterseite fest ist. Mit einer Gabel in Stücke teilen und bei mittlerer Hitze unter häufigem Wenden goldbraun backen. Den Schmarren auf eine Platte geben und zugedeckt im Backofen warm halten. Die Speckscheiben in der Pfanne ohne Fettzugabe kross braten und auf dem Schmarren anrichten.

Das ist ein Schmarren, wie ihn Bauern, Hirten und Senner essen. Sauerkraut passt gut dazu.

Wildschweinkoteletts mit Weinbrandpflaumen

Für 4 Portionen
100 g Trockenpflaumen
2 Zweige Rosmarin
1/8 l trockener Rotwein
3 EL Weinbrand
4 Wildschweinkoteletts (je etwa 250 g)
Salz, Pfeffer
2 EL Mehl
4 EL Öl
2 Schalotten

Die Trockenpflaumen mit abgezupften Rosmarinblättchen, Wein und Weinbrand mischen und mindestens 1 Tag zugedeckt kühlen.

Für die Zubereitung den Backofen auf 200 °C O/U vorheizen. Die Wildschweinkoteletts trocken tupfen, mit Salz und grobem Pfeffer würzen und im Mehl wenden. Im heißen Öl pro Seite knapp 1 Minute kräftig braun anbraten. Nebeneinander in eine Gratinform legen.

Die Schalotten schälen, klein würfeln und im Fett der Koteletts glasig und gerade eben weich braten. Die eingelegten Pflaumen damit mischen und neben den Koteletts verteilen. Die Form mit Alufolie verschließen und in den heißen Ofen (Mitte) schieben. Die Koteletts etwa 20 Minuten schmoren. Mit Kartoffelpüree oder Kroketten und Wurzelgemüse servieren.

Sellerie mit Salami

Für 4 Portionen
1 kleine Sellerieknolle
Salz
1 Stück Paprikasalami (etwa 50 g)
1 Knoblauchzehe
6 Zweige Majoran
100 g Schmand
200 g Gorgonzola
Salz, Pfeffer
Fett für die Form

Den Backofen auf 200 °C O/U vorheizen. Die Sellerieknolle schälen, waschen und in dicke Scheiben schneiden. In reichlich sprudelnd kochendem Salzwasser knapp 5 Minuten garen. Mit einem Schaumlöffel herausnehmen, dicht nebeneinander in eine gefettete Gratinform setzen und mit einem kleinen, spitzen Messer etwas aushöhlen. Das ausgehöhlte Selleriefleisch fein zerkleinern und in eine Schüssel geben. Die Salami klein würfeln und zufügen. Den Knoblauch schälen und durch die Presse dazu drücken. Den Majoran waschen, trocken tupfen, die Blättchen abzupfen und zugeben. Schmand und Gorgonzola zufügen und alles mit einer Gabel vermischen. Mit Pfeffer abschmecken und die Sellerieschieben damit belegen. In den heißen Backofen (unten) schieben und etwa 30 Minuten backen. Mit Bratkartoffeln servieren.

Wurzelgemüse

Für 4 Portionen
1 kg Herbstrüben, Pastinaken und Sellerieknolle
1 Zwiebel
1 EL Öl
1/4 l Brühe
1 Lorbeerblatt
1 Gewürznelke
2 EL milder Obstessig
Salz, weißer Pfeffer
2 EL Crème fraîche
1 Bund Schnittlauch

Das Gemüse waschen, schälen und würfeln. Die geschälte Zwiebel hacken und im heißen Öl bei mittlerer Hitze glasig braten. Gemüsewürfel mit Brühe, Lorbeerblatt und Nelke zugeben, aufkochen und zugedeckt bei schwacher Hitze in etwa 10 Minuten weich garen. Den Essig, Salz und 1 kräftige Prise Pfeffer untermischen. Zum Schluss die Crème fraîche unterrühren. Den Schnittlauch waschen, trocken tupfen und in feine Röllchen schneiden. Zum Servieren über das Gemüse streuen. Zu gekochtem Rindfleisch und Pellkartoffeln servieren.

Biergulasch mit Pilzen und Kartoffelpüree

Für 4–6 Portionen
400 g Rindfleisch (Hesse)
400 g Schweineschulter
200 g kleine Zwiebeln
3 EL Schweineschmalz
Salz, weißer Pfeffer
1 EL Mehl
3 EL Tomatenmark
je 1 EL edelsüßes und scharfes Paprikapulver
1/2 l dunkles Bier
200 g Austernpilze, Champignons und/oder Braunkappen
abgeriebene Schale von 1/2 Bio-Zitrone
1/2 TL getrockneter Majoran
1/4 TL gemahlener Kümmel

Das Fleisch in gulaschgroße Würfel schneiden. Die Zwiebeln schälen. In einem großen Topf 2 EL Schmalz erhitzen. Beide Fleischsorten getrennt und portionsweise darin bei starker bis mittlerer Hitze kräftig anbraten. Jede Portion wieder herausnehmen.

Die Zwiebeln im Fett bei schwacher Hitze anschwitzen. Mit Salz und Pfeffer bestreuen und etwa 10 Minuten zugedeckt schmoren, bis die Flüssigkeit, die sich dabei bildet, wieder verdampft ist.

Das Rind- und Schweinefleisch wieder zugeben, Mehl, Tomatenmark und Paprika unterrühren. Das Bier zugießen und den Bratfond damit lösen. Gulasch mit Salz würzen, aufkochen und bei schwacher Hitze zugedeckt 1 3/4 Stunden schmoren.

Die Pilze putzen, kurz waschen und gut trocken tupfen. Das restliche Schmalz erhitzen, die Pilze darin rundherum braun braten. Mit Zitronenschale, Majoran und Kümmel in das Gulasch rühren und alles noch etwa 15 Minuten schmoren, bis das Fleisch weich ist. Mit Salz und einer kräftigen Prise Pfeffer abschmecken, mit Kartoffelpüree oder Bauernknödeln servieren.

Gut Ding will Weile haben, sagt sich die Landfrau und gibt dem Gulasch zwei Stunden Zeit, damit es weich, mürbe und würzig wird.

Kartoffelpüree

1 kg mehlige Kartoffeln schälen, waschen und würfeln. Mit 1/8 l Wasser und 1/2 TL Salz aufkochen und in etwa 20 Minuten sehr weich kochen. Die Kartoffeln mit dem Kartoffelstampfer fein zerdrücken. Dabei 2 bis 3 EL Butter zugeben und 1/4 l heiße Milch zugießen. Das Püree mit Salz, Pfeffer und Muskat würzen und einige Male mit dem Kochlöffel umrühren.

Kürbis statt Mehl

Roter Hokkaido-Kürbis macht die Gulaschsauce sämig: 200 g gewaschenes Kürbisfleisch (ohne Kerne) klein würfeln und statt Mehl zum angebratenen Fleisch geben. Unter Rühren etwas durchrösten und dann Tomatenmark, Paprika und Bier zufügen. Nach der langen Schmorzeit ist der Kürbis dann schön zerkocht.

Kräftig, würzig, deftig – wenn die Temperaturen fallen, muss die Küche für Wärme sorgen.

Kalte Tage – heiße Küche

Essen, das warm macht

Wenn's draußen klamm ist, wird drinnen gekocht: mit getrockneten Hülsenfrüchten und Kartoffeln, Speck und deftigen Würsten. Das treibt die Kälte aus dem Körper.

Kartoffeln mit Pilzen

4 mittelgroße Kartoffeln schälen und würfeln. Mit 600 g gewaschenen kleinen Champignons, 2 EL gehackter Petersilie, 2 Eiern, 200 g Sahne und 200 g Reibekäse in einer gefetteten ofenfesten Form mischen. Mit Salz, Pfeffer und Chiliflocken würzen und bei 200 °C O/U etwa 40 Minuten backen.

Bohnensuppe mit Tomaten

3 Handvoll getrocknete Bohnenkerne mit Wasser bedeckt 12 Stunden einweichen. Abgießen und mit 1 gehackten Zwiebel in 3 EL Olivenöl kurz schmoren. 1 EL mildes Paprikapulver zugeben, mit 1/2 l Brühe aufgießen und zudeckt 1 Stunde garen. 3 Tomaten abziehen, 100 g Knoblauchwurst in Scheiben schneiden. Beide Zutaten zu den Bohnen geben und noch etwa 15 Minuten garen. Mit Salz und Pfeffer abschmecken und mit frischem Landbrot servieren.

Linsensuppe mit Würstchen

250 g schwarze Linsen mit 1 l Wasser, 2 kleinen geschälten Zwiebeln, 2 Lorbeerblättern und 3 Gewürznelken in etwa 20 Minuten bissfest garen. Inzwischen 6 bis 8 Schweinsbratwürste in 2 EL Öl rundherum braun braten. Mit dem Bratfett zu den Linsen geben und zugedeckt 5 Minuten ziehen lassen. Mit Salz, Pfeffer und einem Schuss Balsamessig abschmecken. Mit Spätzle oder Brot servieren.

Schweinebauch

Für 6 Portionen
1 kg Schweinebauch
Salz, Pfeffer
5 kleine Zwiebeln
3 große Möhren
1 Stück Rinde von altbackenem Schwarzbrot
1 TL Kümmelkörner
1/2 l dunkles Bier

Den Backofen auf 270 °C O/U vorheizen. Schwarte und Fettschicht des Bratens rautenförmig einschneiden. Fleisch rundherum mit Salz und Pfeffer einreiben und mit der Schwartenseite nach unten in einen Bräter legen. Zwiebeln und Möhren schälen und grob zerkleinern. Die Hälfte davon, mit dem Brot und dem Kümmel neben dem Braten verteilen. Fleisch im heißen Ofen (unten) 20 Minuten braten, bis auch das Gemüse braun ist.

Den Backofen auf 160 °C zurückschalten. Das Fleisch wenden, das restliche Gemüse und etwa die halbe Menge Bier zugeben. Den Braten etwa 2 Stunden garen, dabei nach und nach das restliche Bier zugießen und das Fleisch immer wieder mit dem Fond im Bräter übergießen.

Hasenragout

Für 4 Portionen
2 Hasenkeulen (etwa 400 g)
Salz
schwarzer Pfeffer
50 g Räucherspeck
2 Schalotten
1 EL Öl
1/8 l Fleischbrühe
3 Wacholderbeeren
1 Lorbeerblatt
1 großes Stück Bio-Orangenschale
1 EL saure Sahne
1/2 EL Orangenkonfitüre
500 g breite Bandnudeln

Die Hasenkeulen waschen, abtrocknen und mit Salz und Pfeffer einreiben. Den Speck klein würfeln, die Schalotten schälen und fein hacken. Beide Zutaten im heißen Öl bei schwacher Hitze glasig braten. Hasenkeulen zugeben und bei mittlerer Hitze rundherum braun anbraten.

Die Brühe, die Wacholderbeeren, das Lorbeerblatt und die Orangenschale zugeben. Zugedeckt bei schwacher Hitze in etwa 1 Stunde weich schmoren. Die Hasenkeulen herausnehmen, das Fleisch von den Knochen lösen, mundgerecht zerkleinern und wieder in die Sauce geben. Saure Sahne und Orangenkonfitüre untermischen. Mit Salz und Pfeffer abschmecken.

Die Nudeln in reichlich Salzwasser bissfest kochen, abgießen und gut abgetropft mit dem Ragout mischen.

Viel Zeit fürs tägliche Kochen haben Sie jetzt nicht; die Feiertage müssen vorbereitet, die Plätzchen gebacken werden. Deshalb hier zweimal Fleisch, das kaum Mühe macht.

Sauerkrautstrudel

Für 6 Portionen
200 g weiche Butter
200 g saure Sahne
Salz
1 Päckchen Trockenhefe
200 g Weizenmehl Type 1050
200 g Dinkelmehl Type 630
800 g frisches Sauerkraut
100 g Räucherspeck
1 große Zwiebel
40 g Butterschmalz
1/2 EL Kümmelkörner
1 TL edelsüßes Paprikapulver
2 EL Wasser
1 Bund Petersilie
Mehl zum Ausrollen
Fett für die Form
1/8 l Milch
100 g Schmand

Für den Teig die Butter mit saurer Sahne, 1 TL Salz und der Trockenhefe vermischen. Beide Mehlsorten nach und nach unterkneten. Den Teig zu einer Kugel formen und in Haushaltsfolie gewickelt 1 Stunde in einem kühlen Raum, aber nicht im Kühlschrank, ruhen lassen.

Inzwischen das Sauerkraut mit einer Gabel zerpflücken. Den Speck und die geschälte Zwiebel fein würfeln und in der halben Menge Butterschmalz glasig braten.

Sauerkraut, Kümmel, Paprika und Wasser zugeben, aufkochen und zugedeckt bei schwacher Hitze 20 Minuten schmoren. Das Kraut nun im offenen Topf bei starker Hitze unter Rühren schmoren, bis alle Flüssigkeit verdampft ist. Petersilie waschen, fein zerkleinern und untermischen. Alles mit Salz kräftig abschmecken und lauwarm abkühlen lassen.

Den Backofen auf 200 °C O/U vorheizen. Arbeitsfläche mit Mehl bestäuben. Teig in vier Stücke teilen. Jedes Stück etwa messerrückendick ausrollen. Mit dem restlichen zerlassenen Butterschmalz bestreichen und mit der Krautmischung belegen. Teigplatten aufrollen und in eine gefettete, ofenfeste Form mit niedrigem Rand legen.

Milch und Schmand erhitzen und über die Strudel gießen. In den heißen Backofen (unten) stellen und etwa 45 Minuten backen, bis sie oben schön gebräunt sind. Zum Servieren in dicke Scheiben schneiden und mit Petersilie garnieren.

Strudel können Sie mit vielem füllen, was Ihre winterliche Speisekammer gerade bietet. Fertig gekochtes Sauerkraut ist am einfachsten, kurz geschmortes Weißkraut, das Sie mit Sahne einkochen und mit Kräutern aus dem getrockneten oder tiefgefrorenen Vorrat würzen, ist besonders fein.

Der Teig der Landfrauen

Der Strudel ist mit einem „Zwillingsteig" zubereitet, wie diese Mischung aus Mürbe- und Hefeteig auf dem Land heißt. Er ist leichter zu verarbeiten als der echte Strudelteig, unter dem erfahrene Landhausfrauen angeblich Zeitung lesen können – so hauchdünn ausgezogen haben sie ihn. Und er muss nicht so lange gehen wie richtiger Hefeteig.

Aus dem eigenen Garten geholt: Gemüse und Kräuter

Säen, pflanzen und zusehen beim Wachsen und Gedeihen.

Der Küchengarten im Frühling

Viel ist noch nicht los im Garten auf dem Land. Der März ist eher die Zeit zum Säen und Pflanzen: Salat, Mangold, Spinat und Wurzelgemüse können schon nach draußen. Tomaten, Paprikaschoten und Artischocken brauchen die milde Temperatur im Gewächshaus. Und im April kommen die Kartoffeln in die Erde, damit sich die Knollen zeitig bilden können und nicht so anfällig für Krautfäule sind. Anders als häufig empfohlen, stecke ich Dicke Bohnen auch erst Mitte April: Man erntet zwar später, doch die Läuse kommen auch erst dann, wenn die Marienkäferlarven schon hungrig auf sie warten.

Kochen müssen wir noch auf Sparflamme – aus unserem Vorrat und natürlich mit Gemüse von Markt und Gemüsehändler. Denn selbst beim Bauern und Gärtner ist das Angebot noch früh-frühlingshaft karg. Nur für Kräuter ist jetzt die beste Zeit: Mit der ersten penetranten Duftwolke von Bärlauch beim Waldspaziergang riechen wir buchstäblich den Frühling. Draußen im Beet zeigen sich Schnittlauch, Estragon und Rucola – der Salat kriegt damit endlich wieder Aroma. Der Kerbel fürs grüne Karwochen-Süppchen sprießt auf der Fensterbank und die dicken Kräuterbüschel für Grüne Sauce liegen an den Marktständen. Auf der Frühlingswiese kann man Giersch, Brennnesseln, Löwenzahn und Gundermann sammeln – Wildkräuter schmecken jetzt so gut wie sonst nicht mehr im Jahr.

Frühlingskräuter enthalten viel Gutes: Mineralstoffe und Vitamine gegen Frühjahrsmüdigkeit, Aroma gegen kulinarische Langeweile.

714

Pusteblume

Löwenzahn gehört zum ersten essbaren Grün, das in unseren frühlings-erwachten Gärten wächst. Landhausfrauen verwenden die ganze Pflanze: Mit der Wurzel ausgestochen, sauber geputzt und gewaschen, fein zerkleinert und mit kräftigem Dressing gemischt, kommen Wurzel und Blätter als preiswerter, höchst gesunder Salat auf den Tisch. Die Löwenzahnknospen kann man ebenfalls essen; sie erinnern an frische Pilze und passen ausgezeichnet zu Spätzle mit Sahnesauce, Speck und Käse.

Diese Löwenzahnernte ist auch richtig praktisch, wenn man als Löwenzahn geplagter Gartenbesitzer die Pusteblumen ein wenig im Zaum halten will. Wenn Sie nicht im eigenen Garten ernten können, müssen Sie die richtige Stelle suchen. Denn am üppigsten gedeiht wilder Löwenzahn dort, wo Sie ihn nicht sammeln dürfen: An Hundespazierwegen oder auf Wiesen, die für die Heumahd bestimmt sind und deswegen reichlich mit Gülle gedüngt werden.

Spätzle mit Löwenzahnknospen

Für 4 Portionen

300 g fest geschlossene Löwenzahnknospen
100 g Räucherspeck
1 kleine Zwiebel
1 Knoblauchzehe
1 Handvoll Petersilienblättchen
60 g Parmesankäse
2 EL Olivenöl
250 g Sahne
Salz, Pfeffer
1 EL Zitronensaft
500 g frische Spätzle oder Bandnudeln

Die Löwenzahnknospen waschen und abtropfen lassen. Den Speck von Schwarte und Knorpel befreien und würfeln. Die Zwiebel und den Knoblauch schälen und fein hacken. Die Petersilie grob zerkleinern, den Käse reiben.

Speck, Zwiebel und Knoblauch im heißen Öl bei schwacher Hitze glasig braten. Löwenzahnknospen zugeben und bei starker bis mittlerer Hitze unter Rühren anbraten.

Die Sahne nach und nach dazugießen. Die Knospen unter Rühren bei mittlerer Hitze etwa 5 Minuten garen, dabei die Sauce sämig einkochen. Mit Salz, Pfeffer und Zitronensaft abschmecken.

Während der Löwenzahn gart, die Spätzle in reichlich Salzwasser bissfest kochen. Abgießen und abtropfen lassen. Mit Löwenzahn, Petersilie und geriebenem Käse mischen.

Wer die ersten drei Löwenzahnknospen verschluckt, bleibt das ganze Jahr über gesund, verspricht uns der Volksglaube.

Früher Salat von der Wiese mit Kartoffeldressing

Für 3 Portionen

1 mittelgroße Kartoffel
1 kleine Zwiebel
5 EL Öl
1/4 l Wasser
1 TL Gemüsebrühepulver
Saft von 1 Zitrone
1 EL Kräutersenf
Salz, Pfeffer
3–4 Handvoll Wildkräuterblätter
150 g Feldsalat
1–2 EL Schnittlauchröllchen

Die Kartoffel schälen, waschen und in kleine Würfel schneiden. Die geschälte Zwiebel fein zerkleinern und in einer Pfanne mit dem heißen Öl bei schwacher Hitze glasig braten. Kartoffelwürfel zugeben und bei schwacher bis mittlerer Hitze in etwa 5 Minuten weich und goldgelb braten. Das Wasser in die Pfanne gießen, aufkochen und den Bratfond damit lösen. Brühepulver, Zitronensaft und Senf unterrühren, Dressing mit Salz und Pfeffer abschmecken und lauwarm abkühlen lassen. Die Kräuterblätter und den Feldsalat waschen, trocken schleudern und mundgerecht zerkleinern. Auf Portionstellern anrichten und mit Schnittlauch bestreuen. Das Dressing darauf verteilen.

Und weil das Frische jetzt so gut schmeckt, hier noch ein paar Varianten zum Thema Wildkräutersalat, z. B. mit Blüten: Den Salat wie oben zubereiten und noch Blüten von Gänseblümchen, Rotklee, Boretsch, Bärlauch, Kapuzinerkresse und Zitronenmelisse untermischen.

Oder mit Käse: Den Salat mit einer Vinaigrette mischen. Schafskäse würfeln und in Olivenöl mit ein paar Thymianblättchen braten und heiß mit dem Bratöl auf dem Salat anrichten. Köstlich auch mit Äpfeln und Nüssen: Mit einem leichten Mayonnaisedressing zubereiten, dabei einen gewürfelten Apfel und 2 EL geröstete Walnusskerne untermischen. Oder auch mit Wurst: Drei Kalbsbratwürste in fingerbreite Stücke schneiden und in Olivenöl schön braun braten. Den Salat mit Vinaigrette und Senf zubereiten und die Wurst mit dem Bratöl untermischen.

Landhausfrauen lassen nichts vergammeln. Deshalb holen sie alles rein, was draußen wächst und essbar ist. Und davon gibt es tatsächlich eine ganze Menge.

Wie die Wilden in die Küche kommen

Die Landhausküche kennt keinen Schnickschnack. Aber sie kennt viele ungewöhnliche Zutaten, die aus der „normalen" Küche nahezu verschwunden sind. Wildkräuter zum Beispiel, die Sie gewöhnlich im eigenen Garten finden, vorausgesetzt Sie haben ihn naturnah angelegt.

- Giersch ist neben Löwenzahn das häufigste Wildkraut. Verwechseln können Sie ihn nicht: Beim Zerreiben riechen die Blätter leicht nach Sellerie. Pflücken Sie junge Blättchen für Rührei, Omelett, Wildkräutersalat, Kräuterquark und kalten Saucen.
- Gundermann wächst in der Wiese und an Beeträndern; die langen Stiele mit herzförmigen rund gekerbten Blättchen kriechen am Boden entlang. Mit seinem scharf würzigen Geschmack passt er zu allen Kräuterzubereitungen, allerdings nur in kleinen Mengen.
- Kapuzinerkresse müssen Sie säen, weil sie bei uns nicht heimisch und deshalb auch nicht winterhart ist. Blätter, Blüten und Knospen können Sie in den Salat mischen – alles schmeckt ein bisschen nach Kresse. Die Knospen oder Samenkapseln werden als „falsche" Kapern eingelegt.
- Knoblauchhederich oder Knoblauchsrauke schmeckt und riecht nach Knoblauch, obwohl die beiden nicht miteinander verwandt sind. Die Schattenpflanze schmeckt am besten, wenn die herzförmigen Blättchen mit tiefer Einbuchtung am Stiel gerade aus dem Boden gewachsen und etwa so groß wie ein Zwei-Euro-Stück sind. Wie Salatkräuter verwenden und nicht mitkochen.
- Melde wird wie Spinat zubereitet, und Sie sollten immer kleine Pflänzchen ernten. Erstens schmecken sie dann am besten. Zweitens verhindern Sie mit regelmäßiger Ernte, dass die Melde Ihren Garten übernimmt: Die Pflanze wirft nämlich einen Haufen Samen.
- Vogelmiere wuchert wie ein zarter grüner Bodendecker mit Vorliebe im Beet. Deshalb ist es am besten, sie immer wieder zu jäten und zu essen: in Rührei, Kräuterquark und Grüner Sauce.

Kräuterpuffer

Für 4 Portionen
4 mehlige Kartoffeln
4 Petersilienwurzeln
1 Zwiebel
2 EL Mehl, 2 Eier
1 EL Giersch, Gundermann und Melde
Salz, Pfeffer
geriebene Muskatnuss
Öl zum Backen

Die Kartoffeln und die Petersilienwurzeln schälen, waschen und fein raspeln. Die Zwiebel und den Knoblauch schälen und fein zerkleinern. Alle diese Zutaten in eine Schüssel geben.

Mehl, Eier und fein zerkleinerte Kräuter untermischen. Den Teig mit Salz, Pfeffer und Muskat kräftig würzen. Fett in einer großen Pfanne erhitzen. Den Kartoffelteig portionsweise als Handteller große Küchlein ins Öl setzen. Pro Seite bei mittlerer Hitze in etwa 5 Minuten braun und knusprig braten. Herausnehmen, kurz auf Küchenpapier abtropfen lassen und möglichst frisch aus der Pfanne servieren.

Falsche Kapern

Für 2 Gläschen à 125 g
100 g Blütenknospen oder Samenkapseln von Kapuzinerkresse
Salz, 200 ml Essig

Die fest geschlossenen Blütenknospen oder grünen Samenkapseln auf einem Sieb kalt abspülen und abtropfen lassen. Auf einen flachen Teller legen und mit Salz bestreuen. Etwa 6 Stunden ziehen lassen, dann wieder kalt abspülen. In einem Topf Wasser aufkochen, die Kapuzinerkresse zugeben und einmal kräftig aufkochen. Abgießen und in ein Glas geben. Den Essig ebenfalls aufkochen und kochend heiß über die „Kapern" gießen. Das Glas verschließen und die falschen Kapern 3 Tage ziehen lassen.

Auf ein Sieb abgießen, den Essig in einem Topf auffangen und aufkochen. Die falschen Kapern zugeben und einmal aufkochen. In die sauberen, kochend heiß ausgespülten Gläser geben und verschließen.

Blumenauflauf mit Katoffeln

Für 4 Portionen
1 Blumenkohl
1 l Wasser
Salz
1 gehäufter EL Butter
1 EL Mehl
1/4 l Milch
1 Ei
150 g geriebener Emmentaler
3 EL fein zerkleinerte Kräuter (Petersilie, Dill, Estragon)
Salz, weißer Pfeffer
1–2 TL Zitronensaft

Den Blumenkohl putzen, in Röschen teilen und waschen. Das Wasser mit 1/2 TL Salz aufkochen und die Röschen darin 5 Minuten garen. Abgießen, den Sud auffangen und 1/4 l davon abmessen. Den Blumenkohl in eine gefettete ofenfeste Form geben.

Den Backofen auf 200 °C O/U vorheizen. Die Butter in einem Topf zerlassen. Das Mehl darin unter Rühren goldgelb anrösten. Den Sud langsam zugießen, die Sauce aufkochen und dabei weiterrühren, bis sie glatt ist. Zugedeckt bei schwacher Hitze etwa 5 Minuten kochen. Von der Kochstelle nehmen.

Die Milch mit dem Ei verquirlen. 3 EL Käse und die Kräuter untermischen. Die Sauce mit Salz, Pfeffer und Zitronensaft abschmecken und über dem Blumenkohl verteilen. Gratin in den heißen Ofen (unten) schieben und etwa 30 Minuten backen, bis die Oberfläche schön gebräunt ist. Mit Pellkartoffeln servieren.

Blumenkohl aus dem Freiland gibt es von Juni bis Oktober. Im Herbst schmeckt gebratener Butternut-Kürbis statt Pellkartoffeln zum Auflauf.

Saftiger dunkelgrüner Spinat gehört zum ersten Frühlingsgemüse. Wenn Sie bis spätestens September säen, gibt es die erste Ernte schon ab Mitte März: Winterspinat mit großen, kräftig gekrausten Blättern.

Spinatfrikadellen

Für 4 Portionen
1 kg Spinat
200 g Toastbrot
1/8 l Milch
50 g Parmesan
1–2 Knoblauchzehen
2 Eier
Salz, weißer Pfeffer
geriebene Muskatnuss
etwa 50 g Semmelbrösel
etwa 75 g Butterschmalz

Den Spinat verlesen, waschen und portionsweise in reichlich sprudelnd kochendem Wasser einige Sekunden blanchieren. Auf einem Sieb kalt abschrecken, abtropfen und etwas abkühlen lassen. Mit den Händen sehr gut ausdrücken und grob hacken.

Das Toastbrot entrinden und würfeln. Die Milch lauwarm erhitzen und darübergießen. Den Parmesan fein reiben, den Knoblauch schälen und zerdrücken.

Spinat und Toastbrot mit verbliebener Milch, Knoblauch, dem geriebenen Parmesan und den Eiern mischen, mit Salz, Pfeffer und Muskat würzen. Soviel Semmelbrösel zugeben, dass sich der Teig mit nassen Händen gut formen lässt.

Zu flachen Frikadellen formen, in Semmelbröseln wenden und in reichlich Butterschmalz auf beiden Seiten goldbraun backen. Auf vorgewärmten Tellern anrichten, mit dem Bratfett aus der Pfanne übergießen. Mit Salat und Pellkartoffeln servieren.

Buchweizennudeln mit Kartoffeln und Gemüse

Für 4 Portionen
250 g Buchweizenmehl
150 g Mehl
Salz
4 Eier
100 g magerer Räucherspeck
1 große Zwiebel
1 Handvoll Salbeiblättchen
2 Frühkartoffeln
3 Möhren
3 Wirsingblätter
200 g grüne Bohnen
3 EL Öl
knapp 1/4 l Fleischbrühe
60 g Parmesan

Beide Mehlsorten mit 1 kräftigen Prise Salz und den Eiern in eine Schüssel geben. Mit den Knethaken des Handrührgerätes zu einem Teig vermischen. Teig auf der Arbeitsfläche mit den Händen kräftig durchkneten und eventuell tropfenweise soviel Wasser dazugeben, bis er glatt und formbar ist. Er darf weder bröckeln noch am Finger haften. Den Teig zugedeckt bei Zimmertemperatur ruhen lassen, bis die anderen Zutaten vorbereitet sind.

Den Speck von Schwarte und Knorpel befreien und in kleine Würfel schneiden. Die Zwiebel schälen und fein hacken. Salbeiblättchen waschen, trocken tupfen und in Streifen schneiden. Die Kartoffeln und die Möhren schaben, waschen und in Stücke schneiden. Den Wirsing und die Bohnen waschen. Die dicken Rippen der Wirsingblätter entfernen, Blätter grob zerkleinern. Die Bohnen schräg in Streifen schneiden.

Den Nudelteig portionsweise auf Mehl zu dünnen Platten ausrollen oder durch eine Nudelmaschine drehen. Mit Mehl bestreuen, locker aufrollen und zu breiten Nudeln schneiden.

Das Öl in einer Pfanne erhitzen. Den Speck und die Zwiebel darin bei schwacher Hitze glasig und weich braten. Kartoffeln und Möhren zugeben und anbraten. Die Brühe zugießen, aufkochen und die Kartoffeln zugedeckt bei mittlerer Hitze in etwa 10 Minuten weich garen. In einem großen Topf reichlich Wasser mit Salz zum Kochen bringen. Bohnen im sprudelnd kochenden Wasser 5 Minuten garen. Wirsing und Nudeln zugeben und weitere 3 Minuten garen. Abgießen und in eine große vorgewärmte Schüssel füllen. Kartoffeln und Möhren mit Speck und Zwiebeln und der Brühe zugeben und alles mischen. Mit Pfeffer aus der Mühle würzen, mit dem geriebenen Parmesan bestreuen und sofort servieren.

Wenn Sie Fleisch dazu mögen: 500 g Lamm- oder Schweineschulter (ohne Knochen) würfeln und mit Zwiebeln und Speck anbraten. Mit der halben Menge Brühe aufgießen und zugedeckt 40 Minuten garen. Kartoffeln, Möhren und den Rest der Brühe zugeben und alles noch in 10 bis 15 Minuten weich garen. Wie oben mit Nudeln, Bohnen und Wirsing mischen.

Start in die schönsten Monate der Selbstversorger

Der Sommer ist im Garten

Zuerst merkt man es an den Erdbeeren – endlich sind sie rot, süß und duften wunderbar. (Vergessen Sie also Erdbeeren im Mai – die schmecken noch nicht.) Dann reifen die Kirschen am Baum und die Beeren am Strauch – tatsächlich ist der Sommer-Garten erstmal rot.

Die Gemüsebeete wirken nun schön sommerlich-üppig, sind regelrecht zugewachsen mit Mangoldblättern, Zwiebelröhren und fiedrigem Möhrengrün. Die Dicken Bohnen sind genau richtig zum Ernten – noch hellgrün, zart und weich, ohne dicke Schale um den Bohnenkern. Die Stangenbohnen blühen und die Artischocken haben so schöne kleine Knospen, dass einem das Wasser im Mund zusammenläuft, weil man an die italienische Landhausküche denkt: Nudeln mit Knoblauch und gebratenen Artischockenstückchen. Die Salate kriegen Köpfe und die Tomaten Farbe. Und die kleinen Rote Beteknollen sind so zart, dass man sie nicht kocht wie die Winterknollen, sondern roh mit Kräutern, Olivenöl und Obstessig mischt – Rohkost für Feinschmecker!

Frühe Kohlsorten mit lockeren Blättern können Sie viel schneller zubereiten, als dicken Winterkohl – zum Beispiel als Gratin mit Mozzarella. Anfang Juli werden auch die ersten Frühkartoffeln reif: Graben Sie immer nur so viele aus, wie Sie für eine Mahlzeit brauchen, denn die Knollen behalten ihr Aroma in der Erde am besten. Die Zubereitung richtet sich nach der Größe: Besonders große Kartoffeln backe ich im Ofen, die normalen dämpfe ich als Pellkartoffeln und die Winzlinge, von denen manche nur so groß wie eine Murmel sind, brate ich mit Olivenöl und Rosmarin in der Pfanne.

Luftige Erdbeertörtchen

Für 8 Portionen
6 Eiweiß
2 TL Zitronensaft
200 g Puderzucker
1 EL Vanillezucker
2 EL gemahlene Walnusskerne
60 g Speisestärke
700 g Erdbeeren
250 g Magerquark
50 g feiner Zucker
150 g Sahne

Den Backofen auf 100 °C O/U schalten. Für das Baiser Eiweiß mit Zitronensaft steif schlagen. Die Hälfte des Puderzuckers zugeben und schlagen, bis die Masse glänzt. Restlichen Puderzucker, Vanillezucker, Nüsse und Speisestärke mischen und einrieseln lassen. Schlagen, bis der Eischnee lange Spitzen bildet.
Mit einem Spritzbeutel 8 Kränzchen auf ein Backblech mit Backpapier spritzen und innen mit Baiser ausfüllen. Im warmen Backofen (Mitte) 1 Stunde und 30 Minuten trocknen lassen. Vom Backpapier lösen und auf einem Kuchengitter abkühlen lassen.
Für die Füllung die Erdbeeren waschen und abzupfen. Etwa ein Drittel davon für die Garnierung beiseite legen. Den Rest mit Quark und Zucker pürieren. Die Sahne steif schlagen und unterziehen. Die Creme auf den Törtchen verteilen, mit Erdbeeren, kandierten Rosenblättern und Zitronemelisse garnieren. Sofort servieren, sonst werden die Baiser weich.

Grießpudding mit Erdbeersauce

Für 8 Portionen
1/2 l Milch
1 TL abgeriebene Bio-Zitronenschale
2 EL Zucker
70 g Weichweizengrieß
2 ganz frische Eier
500 g Erdbeeren
100 g Puderzucker
2 EL Zitronenlikör

Milch mit einer Prise Salz, Zitronenschale und Zucker unter Rühren zum Kochen bringen. Den Grieß langsam einstreuen und dabei weiter rühren, bis der Brei glatt ist. Zugedeckt bei schwacher Hitze 10 Minuten garen. Dabei immer wieder kräftig umrühren, damit der Grießbrei nicht zu stark am Topfboden anliegt. Die Eier trennen. Die Eigelbe unter den ganz heißen Pudding rühren. Die Eiweiß steif schlagen und unter den lauwarmen Pudding mischen. Pudding in 8 Schälchen geben und zugedeckt im Kühlschrank mindestens 3 Stunden ruhen lassen. Die Erdbeeren waschen und abzupfen. Mit Puderzucker und Zitronenlikör pürieren und auf die Puddingportionen gießen.

Sommerbowle

Für 10 Portionen
500 g Erdbeeren, Himbeeren, Kirschen
50 g Zucker
1 kleine Zitrone
700 ml halbtrockener Weißwein
700 ml Sekt
700 ml Mineralwasser

Beeren und Kirschen waschen, Erdbeeren abzupfen und halbieren, die Kirschen entsteinen. Alle Früchte mit dem Zucker und dem ausgepressten Zitronensaft vermischt 2 Stunden zugedeckt in den Kühlschrank stellen.
Inzwischen Wein, Sekt und Mineralwasser ebenfalls gut kühlen. Zum Obst gießen und die Bowle weitere 2 bis 3 Stunden kühlen.

Gartenarbeit auf die Schnelle mit Pflanzen, die für sich selber sorgen. Nur ernten müssen Sie.

Gemüse für Leute mit Platz, aber wenig Zeit

Für einen richtigen Küchengarten braucht man Zeit, die berufstätige Landleute nicht zur Verfügung haben. Die Gartenarbeit beschränkt sich aufs Wochenende, und wenn die Beete wieder mal voll überwuchert mit Unkraut sind, verliert man die Lust an der Selbstversorgung aus dem eigenen Garten. Versuchen Sie es einfach mal mit Gemüse, das reichlich Ertrag bringt, ohne dass Sie sich ständig drum kümmern müssen.

Bohnen

Stangenbohnen und Buschbohnen brauchen keinerlei Pflege. Auch Jäten müssen Sie nicht mehr, sobald die Pflanzen ausgewachsen sind – vor allem Buschbohnen sind wahre Bodendecker. Stangenbohnen werfen ohnehin soviel Schatten, dass daneben nichts anderes gedeiht. Für eine lange Ernte bis zum Frost können Sie Buschbohnen genau wie Erbsen immer wieder nachsäen.

Mangold

Ein- bis zweimal gesät, wachsen die Pflanzen den ganzen Sommer über. Da die Aprilsaat im Juni gewöhnlich voller Läuse ist, schneide ich die Pflanzen bis auf die inneren Blätter ab. Oder säe rasch neu, denn die zweite Mangoldgeneration ist (fast) frei von Läusen. Bei den großen Pflanzen wächst kaum Unkraut, sodass Jäten entfällt. Und wenn Sie eine Pflanze blühen lassen, samt sie selber fürs nächste Jahr aus.

Zucchini

Sie müssen nur Samen stecken und die jungen Pflanzen vor Schnecken schützen. Sobald die Zucchini groß sind, brauchen sie keine Pflege mehr. Die Ernte können Sie „steuern“: Wenn Sie viele Blätter entfernen, wachsen die Früchte schneller. Und wenn Sie viele weibliche Blüten mit den fingerdicken Früchten abschneiden entgehen Sie der Zucchinischwemme im August. Für den winterlichen Suppenvorrat frieren Sie die Früchte roh ein oder kochen sie zusammen mit Kürbis zu Püree. Oder Sie schneiden große Zucchini gewaschen in Stücke und legen sie auf ein Backblech. Mit einem guten Olivenöl beträufeln und im vorgeheizten Backofen bei 200 °C O/U etwa 20

Minuten backen. Abgekühlt für Suppe, Sauce oder Quichebelag einfrieren.

Artischocken

Das Edelgemüse macht nur zu Beginn ein bisschen Arbeit: Die Samen kann man nicht einfach in die Erde legen, sondern muss sie im warmen Zimmer vorziehen, bis die Keimblättchen da sind. Die 20 cm hohen Pflänzchen setzen Sie dann ins Beet, wenn Sie nach den „Eisheiligen" auch Bohnen stecken. Artischocken kommen jedes Jahr wieder und tragen mit der Zeit immer üppiger – Jäten ist kaum notwendig. Allerdings sind sie nur bedingt winterhart – das heißt, Sie müssen die Pflanzen mit einer mindestens 10 cm dicken Lage Kompost-Erde schützen, bevor es richtig kalt wird. So kriegen sie auch gleich die tüchtige Ladung Dünger, die sie jedes Jahr brauchen.

Säen oder pflanzen?

Das kommt erstens auf Ihren Geldbeutel an: Samen sind allemal preiswerter. Zweitens kommt es darauf an, welche kulinarischen Ansprüche Sie stellen: Bekanntlich lieben wir die Landküche einfach, brauchen dafür aber die besten Zutaten. Viele wirklich gute, aromatische Gemüsesorten bekommen Sie aber nur noch als Samen. Deshalb ziehe ich mein Gemüse grundsätzlich selbst. Nur Kräuter kaufe ich meist als Pflänzchen, weil ich dafür einen ausgezeichneten Gärtner habe.

Was hilft gegen Schnecken?

Kurz und knapp: Enten, Schneckenkorn und Weinbergschnecken. Erwarten Sie bitte keine Gartenwissenschaftliche Begründung von mir; ich habe nur beobachtet, dass sich bei einer edlen Weinbergschnecke keine ordinär-gefräßigen Nacktschnecken aufhalten. Zudem richten Weinbergschnecken auch keinen Schaden im Gemüsebeet an. Deshalb sammle ich sie grundsätzlich ab und setze sie an ein ungefährliches Plätzchen, wenn ich abends Schneckenkorn streue. Selbstverständlich nehme ich kein Präparat, das auch für Schneckenfresser wie Igel giftig, für Haustiere und Menschen schädlich ist. Sondern nur Schneckenkorn eines bestimmten Herstellers, das ausschließlich in den Stoffwechsel der Schnecken eingreift. Denn machen wir uns doch nichts vor: Wenn wir auch sonst keinerlei Schädlingsbekämpfungsmittel verwenden, den Nacktschnecken werden wir auf die sanfte Weise nicht Herr, weil sie kaum natürliche Feinde haben – selbst Hühner lassen sie liegen und Igel finden sie ebenfalls nicht so toll. Zwei Sommer lang habe ich es mit Bierfallen, Kupferdraht und Holzwolle versucht, habe die Tiere gesammelt und getötet. Geholfen hat das alles nicht – was ich am einen Tag gepflanzt hatte, war am nächsten Tag abgefressen. Die einzigen Helfer, die wirklich mit der Schneckenplage aufräumen, sind Enten, besonders indische Laufenten. Für Menschen, die Tiere lieben und Platz genug für einen Stall haben, ist das gewiss die ideale Lösung.

Zucchini mit gefüllten Blüten

Für 4 Portionen
8 fingerdicke Zucchini mit großen Blüten
3–4 Zweige frischer Thymian
1 1/2 Sardellenfilets (in Öl aus Glas oder Dose)
4–5 Stücke getrocknete Tomaten
150 g Ricotta
Pfeffer, Salz
1 Eiweiß
7–9 EL kaltes Wasser
60 g Mehl
Öl zum Frittieren

Die Zucchiniblüten waschen und sehr gut trocken tupfen. Die Narbe mit den Staubgefäßen im Inneren der Blüte mit einer Pinzette oder kleinen Schere abknipsen.

Thymianblättchen abzupfen. Sardellenfilets mit den getrockneten Tomaten ganz fein zerkleinern. Alles mit dem Ricotta mischen. Mit einer kräftigen Prise Pfeffer würzen und eventuell noch mit Salz abschmecken. Zucchiniblüten mit der Creme füllen und jeweils oben leicht zusammendrehen, damit sie sich beim Frittieren nicht öffnen.

Eiweiß mit 2 EL Wasser verquirlen. Das Mehl mit dem restlichen Wasser glatt rühren. Eiweiß untermischen und den Teig kurz quellen lassen.

Das Öl zum Frittieren erhitzen. Die Zucchiniblüten nacheinander in den Teig tauchen und im heißen Öl etwa 2 Minuten frittieren, bis sie eine zartbraune Kruste haben. Auf Küchenpapier kurz abtropfen lassen. Mit grobem Pfeffer aus der Mühle bestreuen und heiß servieren.

Statt der Sardellenfilets schmecken in der Füllung auch Räucherlachs, Schinkenwürfelchen oder gehackte Kapern.

Sommersalat mit Obst und Käse

Für 4 Portionen
100 g Manouri oder türkischer Schafskäse
Saft von 1/2 Zitrone
1/2 TL Honig
Salz, weißer Pfeffer
4 EL Olivenöl
1 Kopf Blattsalat
2–3 reife Aprikosen
1 Handvoll Kirschen
1 Handvoll frische Kräuter

Den Manouri in Würfel schneiden und in einen tiefen Teller geben. Für die Marinade den Zitronensaft, Honig, Salz, Pfeffer und Öl verrühren und darüber verteilen.
Den Salat waschen, trocken schleudern und in mundgerechte Stücke teilen. Die Aprikosen waschen, halbieren, entsteinen und in kleine Stücke schneiden. Die Kirschen waschen, abzupfen und entsteinen. Die Kräuter waschen, trocken tupfen und fein zerkleinern. Alle diese Zutaten miteinander mischen. Mit den Manouriwürfeln belegen und mit der Marinade beträufeln.

Manouri ist ein griechischer Frischkäse und zählt wie Ricotta zu den Zigerkäsen, die aus Molke hergestellt werden. Er schmeckt mariniert und eignet sich wegen seines hohen Fettgehaltes auch gut zum Gratinieren.

Gebackene Kartoffeln mit Gemüse

Frühkartoffeln, Möhren und junge Zwiebeln waschen. Alles mit Salbei in einer ofenfesten Form verteilen. Mit Salz und Pfeffer würzen, mit Olivenöl beträufeln und im heißen Backofen (unten) bei 200 °C O/U oder auf dem heißen Grill weich backen.

Gegrillt oder gebacken werden können auch daumendicke Zucchini, Fenchelviertel oder Rote Bete, die gerade eben so groß wie ein Tischtennisball ist. Serviert wird das Gemüse zu Grillfleisch und/oder einer kalten Sauce.

Roquefortsauce

200 g Roquefort oder Gorgonzola mit 100 g saurer Sahne zerdrücken und glatt rühren. Mit 1 EL zerkleinerten Petersilien- oder Kerbelblättchen mischen, mit Zitronensaft und schwarzem Pfeffer abschmecken.

Landhausglück im Juli: Die ersten Kartoffeln aus der Erde buddeln, auf den Holzkohlengrill legen oder dämpfen. Rasch eine Sauce mischen. Und dann nur noch genießen …

Zucchinisauce

3 kleine Zucchini, 2 Knoblauchzehen und 1 Handvoll Petersilienblättchen grob zerkleinern und in 3 EL Olivenöl braten, bis die Zucchini weich sind. Mit 150 g Schafskäse pürieren, mit Chiliflocken, Zitronensaft und Salz abschmecken.

Sardellenpaste

1 hart gekochtes Ei halbieren, das Eigelb herauslösen und mit 1 EL saurer Sahne und 100 g weicher Butter glatt rühren. 1 kleine, fein zerkleinerte Zwiebel, 1 EL gehackte Petersilie und 3 eingelegte, ebenfalls fein gehackte Sardellenfilets untermischen. Mit Zitronensaft, Pfeffer und eventuell Salz abschmecken.

Kartoffelsalat mit Speck und Rucola

Die Kartoffeln waschen und mit der Schale in wenig Wasser weich kochen. Abgießen, abschrecken, schälen und in Scheiben schneiden.

Während die Kartoffeln kochen, den Schinkenspeck in Streifen schneiden und im heißen Öl leicht braten. Die Zwiebel schälen und fein zerkleinern. Mit dem Speck, dem Bratöl, Brühe, Essig, Senf, Salz und reichlich Pfeffer verrühren. Die lauwarm abgekühlten Kartoffelscheiben damit mischen. Den Rucola verlesen, waschen, trocken schleudern und unmittelbar vor dem Servieren unter den Salat mischen.

Für 4 Portionen

500 g Frühkartoffeln
100 g Schinkenspeck
4 EL Olivenöl
1 kleine Zwiebel
100 ml Gemüsebrühe (Instant)
4 EL Apfelessig
1 TL Senf
Salz, Pfeffer
2 Handvoll Rucola

Gebratene Tomaten mit Spiegelei

Für 2 Portionen
1 reife, feste runde Tomate
4–5 Cocktailtomaten
2 EL Olivenöl
1 EL Butter
2 Eier
Salz, Pfeffer

Die Cocktailtomaten waschen und abtrocknen. Die runde Tomate in Scheiben schneiden. Öl und Butter in einer Pfanne erhitzen, die Tomatenscheiben und die Cocktailtomaten darin bei starker bis mittlerer Hitze anbraten.
Die Eier in einer Tasse aufschlagen und auf die Tomaten gleiten lassen. Mit Salz und Pfeffer würzen und braten, bis das Eiweiß gestockt ist.
Für Eiersandwiches mit Tomaten das Öl mit der Butter erhitzen, die Eier darin als Spiegeleier braten. Mit Salz und grobem Pfeffer würzen, mit der Backschaufel wenden und noch etwa 1 Minute braten, bis auch das Eigelb fest ist. 2 runde Tomaten waschen und in Scheiben schneiden. 2 Scheiben leicht geröstetes Kastenweißbrot mit Remouladensauce bestreichen, zuerst mit den Tomatenscheiben, dann mit den Eiern belegen und mit gehackten Kräutern bestreuen. Noch mal 2 Scheiben Weißbrot darauf legen und leicht andrücken.

Frische Tomaten aus dem Garten und frische Eier von glücklichen Hühnern sind eine Delikatesse, die sich glückliche Landmenschen zum Sommerfrühstück gönnen.

Nudeln mit grünen Bohnen

Die Bohnen waschen und putzen. Die Nudeln in reichlich kochendes Salzwasser geben und aufkochen. Etwa 3 Minuten garen, dann die Bohnen und das Bohnenkraut zugeben. Nudeln und Bohnen gerade eben bissfest kochen.
Den Schmand und 3 EL Parmesan in einer Schüssel verrühren und kräftig mit Pfeffer würzen. 2 bis 3 EL Nudelwasser untermischen. Nudeln und Bohnen abgießen, kurz abtropfen lassen und in der Schüssel mit dem Schmand mischen. Mit Parmesan bestreut sofort servieren.

Für 2 Portionen
500 g grüne Bohnen
200 g Spiralnudeln
Salz
3 Zweige Bohnenkraut
4 EL Schmand
50 g frisch geriebener Parmesan
Pfeffer

Dicke-Bohnen-Salat mit Kräutern und Couscous

Für 2 Portionen
Etwa 500 g Dicke Bohnen in den Hülsen
2 Tassen Instant-Couscous
Salz, Pfeffer
1 Zweig Rosmarin
3 EL Olivenöl
2 Tomaten
einige Basilikumblätter
1/4 Bund Schnittlauch
2–3 EL Zitronensaft

Die Bohnenkerne aus den Hülsen lösen. Couscous in einer Schüssel mit Salz und Pfeffer mischen. Mit soviel kochendem Wasser übergießen, dass der Couscous gut bedeckt ist. Ziehen lassen, bis die restlichen Zutaten vorbereitet sind.
Die Bohnenkerne mit dem Rosmarin im heißen Öl anbraten. Zugedeckt bei mittlerer Hitze in etwa 5 Minuten gerade eben weich garen.
Die Tomaten waschen und würfeln. Das Basilikum und den Schnittlauch waschen, trocken tupfen und fein schneiden.
Bohnen mit Bratöl, Couscous, Tomaten und Kräutern mischen, den Salat mit Zitronensaft, Salz und Pfeffer abschmecken und lauwarm servieren.

Zwiebelkunde

Zwiebeln sind beste Würze in der Landküche, deshalb stecke ich eine ganze Menge davon: Zum Beispiel rund um die Saat von Gemüse und Salat, denn sie schützen vor Schädlingen. Wenn die anderen Gemüsepflanzen geerntet sind, wachsen die Zwiebeln weiter und halten das Unkraut in Zaum, bis sie im September ebenfalls reif zum Ernten sind.

Verwenden können Sie Zwiebeln in jedem Reifestadium. Jung schmort man sie wie Gemüse. Das Zwiebelgrün schmeckt wie Schnittlauch im Salat.

Vor dem Einlagern in lose gewebten Säcken oder Kartoffelkisten müssen Zwiebeln trocknen. Kleinere Mengen binden Sie zu Bündeln und hängen sie auf, bei größeren Mengen ist ein sonniges Gewächshaus idealer Trockenraum. Wenn die Röhren braun und verwelkt sind und die Schalen rascheln, können Sie die Knollen über den Winter in einem kühlen, trockenen Raum aufbewahren.

Pie mit jungen Zwiebeln

Etwa 500 g junge Zwiebeln mit Grün waschen, putzen und zerkleinern. In 2 EL Olivenöl gerade eben weich braten. Kräftig mit Salz, zerkleinerten Chilischoten und Zitronensaft würzen. Eine runde Backform mit Backpapier und 4 rechteckigen Blättern Filoteig so auslegen, dass man die Blätter über die Zwiebelfüllung legen kann, dabei die Teigblätter jeweils mit flüssiger Butter bestreichen. Zwiebeln auf dem Teig verteilen und mit 100 g Reibekäse bestreuen. Den Teig darüberlegen und mit Butter bestreichen. Die Pie im heißen Backofen (Mitte) bei 200 °C O/U etwa 20 Minuten backen, bis die Oberfläche gebräunt ist.

Griechischen Filoteig gibt es in vielen deutschen Supermärkten. Der Teig aus Mehl, Wasser und Öl eignet sich für schnelle Pies und Quiches: Die hauchdünnen Blätter nur aufeinander legen und füllen. Damit sie sich knusprig aufplustern, bestreicht man jede Schicht mit etwas Öl oder flüssiger Butter.

Bauern-Zwiebelsuppe

500 g Zwiebelringe mit 200 g Scheiben von Mischpilzen in 1 EL Butterschmalz glasig braten. Mit 1 EL Mehl bestreuen und noch mal kurz rösten. 3/4 l Fleischbrühe zugießen, aufkochen und alles 10 Minuten garen. 4 dünne Mischbrotscheiben im Toaster rösten und in die Suppenteller legen. Jede Brotscheibe mit 1 EL geriebenem altem Gouda bestreuen. Die kochendheiße Suppe darübergießen und sofort servieren, damit das Brot nicht zu weich wird.

„Fällt das Laub zu bald, wird der Herbst nicht alt."

Bauernregel

ARGENSUR
Mercaderia alemana

Letzte Beeren, letztes Kuchenessen im Freien – ein schöner Auftakt für einen Herbst voller Genüsse.

Herbst-Freuden

Anfang September sind die Tage eingeteilt, weil man kaum nachkommt mit dem Ernten: Da hängen die Zwetschgenbäume voller Früchte – dunkelblau und mit weißem Reif. Sie müssen runter, bevor die Wespen sich drüber hermachen. Die Äpfel warten schon Körbeweise aufs Einschichten in die Regale. Die Hollerbeeren müssen Sie jetzt auch pflücken, denn was zu lange an den Büschen hängt, wird trocken und eignet sich nicht mehr für Kompott. Und weil die Septembersonne noch richtig Kraft hat, reift eine ganze Menge Tomaten am Stock. Diese späten Früchte sind auch so wunderbar aromatisch, dass ich möglichst viele für den Winter einkoche.

Vor dem ersten Frost im Oktober ernte ich die Stöcke dann ganz ab und koche Marmelade von den grünen Früchten, kräftig gewürzt mit eingelegtem Ingwer und einem guten Schuss Brandy. Das Rezept habe ich aus England mitgebracht.

Bohnen können Sie ebenfalls noch bis in den Oktober pflücken, doch bei Gurken und Zucchini ist im September Zeit für die Nachlese zum Einlegen. Denn die Blätter kriegen langsam Mehltau und sollten deshalb vom Beet.

Kochen Sie von Herbstfrüchten nicht nur Mus, Marmelade und Kompott – Obst kann man ausgezeichnet einfrieren. Es kommt gefroren auf Kuchen oder Muffins. Für den Winterobstsalat zum Frühstücksbrei nimmt man es am Abend vorher aus dem Tiefkühler.

Kürbis – viel mehr als nur Suppe

Für den Landhausgarten sind Kürbispflanzen sehr praktisch: Kriechend spenden sie dem Kompost Schatten oder halten das Unkraut aus dem Beet, als Ranke mit dekorativen gelben Blüten verkleiden sie Drahtzäune. Die Früchte stehen monatelang zur Verfügung. Nicht nur Sommerkürbisse wie Zucchini oder Patissons, sondern auch einige Wintersorten können Sie mit der Schale essen – ungeschälter Hokkaido macht Kürbisgerichte sogar wunderschön goldgelb.

Ernte und Haltbarkeit

Nur hartschalige Winterkürbisse halten wochenlang, Sommerkürbisse sind Frischgemüse. Beim Ernten lassen Sie etwa 4 Zentimeter vom Stiel stehen, damit das Fruchtfleisch nicht verletzt wird.

Lagern

Zum Aufbewahren legen Sie die Kürbisse einfach auf die Fensterbank in einem mäßig warmen Raum. Zu kalt oder zu warm gelagerte Kürbisse faulen rasch. Kontrollieren Sie regelmäßig den Stiel mit Ansatz: Lässt er sich leicht abbrechen oder ist der Ansatz weich, müssen Sie den Kürbis gleich verbrauchen. In Brühe gekocht und püriert können Sie ihn einfrieren. Auf der Schale wirken Faulstellen wie runde Flecken.

Mit oder ohne Schale

Mit der Schale essbar: Roter und grüner Hokkaido, Sweet Dumpling, Buttercup, Delica, Jack be Little.
Schälen: Moschuskürbis, Butternut, weißer und gelber Gartenkürbis, Roter Zentner, Spaghettikürbis.

Ein paar Beispiele für die Verwendung

Roter Hokkaido schmeckt gebraten, geschmort, gebacken und gekocht. Nur zum Einlegen eignet er sich nicht, weil er leicht zerfällt.
Grünweißer Sweet Dumpling schmeckt gebraten: Geschält oder ungeschält in etwa fingernagelgroße Stückchen schneiden und in reichlich Olivenöl mit Knoblauch und Kräutern bissfest braten. Mit hellem Landbrot als Vorspeise servieren.
Langer Spaghettikürbis ist im Ofen gebacken am besten: Längs halbieren, Kerne entfernen, Butter und Olivenöl in die Hälften geben und mit den Schnittflächen nach oben bei 200 °C O/U 45 bis 50 Minuten backen. Das Fleisch mit einer Gabel aus den Schalen holen – bei jungen Exemplaren bildet es Fäden, die an Spaghetti erinnern – und mit Tomatensauce anrichten.

Gebratener Kürbis mit Schinken

Für 4 Portionen
1 Stück geschälter Kürbis (etwa 300 g)
1 rote Paprikaschote
1/2 Bund glatte Petersilie
2 Knoblauchzehen
1 EL Butterschmalz
2 EL Olivenöl
6 dünne Scheiben Schinkenspeck
Salz, Pfeffer

Den Kürbis in dünne Schnitze teilen. Die Paprikaschote waschen, halbieren, putzen und in Streifen schneiden. Die Petersilie waschen, die Blättchen abzupfen und grob zerkleinern. Den Knoblauch schälen und fein zerkleinern.

Das Butterschmalz mit dem Öl in einer Pfanne erhitzen. Kürbis und Paprika portionsweise darin bei mittlerer Hitze unter häufigem Wenden etwa 5 Minuten braten. Petersilie, Knoblauch und grob zerkleinerten Schinken zugeben und kurz mitbraten. Mit Salz und Pfeffer würzen und auf vorgewärmten Tellern anrichten. Das Bratfett darüberträufeln. Dazu schmecken Pellkartoffeln oder Bauernbrot.

Kartoffeln mit Bratwurst

Für 4 Portionen
1 kg Kartoffeln
1/2 Bund Majoran
50 g Butterschmalz
2 Bratwurstrollen
1/8 l Fleischbrühe
Salz, Pfeffer
150 g Sahne
2 EL gehackte Petersilie

Die Kartoffeln schälen, waschen und in dünne Scheiben schneiden. Den Majoran waschen, trocken tupfen, die Blättchen abzupfen und etwas zerkleinern.

Das Schmalz in einer Kasserolle erhitzen. Die Bratwurstrollen darin auf beiden Seiten hellbraun anbraten. Die Brühe zufügen. Die Kartoffeln mit dem Majoran auf die Wurst schichten, mit Salz und Pfeffer würzen. Die Sahne darüber gießen. Die Kartoffeln zugedeckt bei schwacher Hitze etwa 45 Minuten schmoren. Mit Petersilie bestreuen, mit Endiviensalat servieren.

Zeit für Kartoffeln

Die Kartoffeln sind ab Mitte September reif zum Einlagern: Jetzt haben auch die frühen Sorten wie „La Ratte“ und mein Pellkartoffel-Favorit „Duke of York“ eine so kräftige Schale gebildet, dass sie den ganzen Winter über halten. Zwei Wochen später ist es Zeit für die mittelfrühe „King Edward“. Im Oktober kommt dann die „Golden Wonder“ dran, die ihrem Namen alle Ehre macht: Goldgelb und fest das Fleisch, erstaunlich dick die Schale und einzigartig der Geschmack. Zuletzt grabe ich die „Arran Victory“ aus, die Maxi-Knollen liefert und zu den ertragreichsten Sorten überhaupt gehört.

Richtig ernten

Kartoffeln müssen Sie an einem warmen, trockenen Tag ernten und auf dem Beet liegen lassen, bis alle Knollen ausgegraben sind. Dann lassen Sie die Kartoffeln in einem Schubkarren oder in Körben ein bis zwei Tage in einem trockenen, möglichst dunklen Raum ruhen, bis sie so trocken sind, dass kaum noch Erde daran haftet. Jetzt können Sie die Knollen in der Kartoffelhorde einlagern.

Die letzten Arbeiten draußen erledigen und fürs Frühjahr vorsorgen.

Landhausgarten im Herbst

Sobald die Tage kürzer, die Uhren zurückgedreht werden, brauchen wir ein bisschen Aufmunterung, damit sich der Herbstkoller gar nicht erst einstellt. Das Patentrezept der Landleute besteht aus zwei Zutaten: Im Gemüsegarten fürs Frühjahr vorsorgen. Und anschließend was Gutes essen.

Im Herbst vorsorgen

Salatpflanzen, die Sie für die Selbstaussaat haben blühen lassen, können Sie nun auf den Kompost werfen. Die Erde mit einer Harke lockern und möglichst fein zerkrümeln, damit die Samen gut aufgehen. Mit etwas Glück und gutem Wetter werden Sie bereits im Mai Freilandsalat ernten.

Wintersteckzwiebeln in lockere Erde stecken. Das erste Zwiebelgrün kommt dann auch im Mai, die ausgereiften Zwiebeln im zeitigen Sommer.

Wenn Sie im August Wintersalat gesät haben, sollten Sie die Pflanzen im Oktober vereinzeln und mit Vlies abdecken. Dieser Frühjahrssalat für März und April ist kräftig und aromatisch und liefert mit Wildkräutern das erste frische Grün aus Ihrem Garten.

Gutes zum Kaffee

Für Birnentörtchen rühren Sie 200 g weiche Butter mit 125 g Zucker und 1 TL abgeriebener Bio-Zitronenschale schaumig. 4 Eier und 2 EL Joghurt unterrühren. 250 g Mehl mit 1 gehäuften TL Trockenhefe mischen und unterrühren. Den Teig in ofenfeste, sehr gut ausgebutterte Förmchen füllen. In die Mitte jeweils einen Klecks Zwetschgenmarmelade geben und mit einer Gabel Schlieren ziehen. Auf jedes Törtchen ein geschälte Birne setzen, die Sie zuvor in Weißwein oder Saft 5 Minuten gedünstet haben. Törtchen in den heißen Backofen schieben und bei 180 °C O/U etwa 30 Minuten backen.

Käsekartoffeln aus dem Ofen

Für 4 Portionen
1 kg Pellkartoffeln
Fett für die Form
150 g Bergkäse
1 EL Butter
1 EL Mehl
3/8 l Fleischbrühe
1/8 l Milch
Salz, Pfeffer
geriebene Muskatnuss
2 EL Sahne
1 Eigelb

Die Kartoffeln schälen, in Scheiben schneiden und in eine gefettete halbhohe Auflaufform schichten. Den Käse reiben. Die Butter in einem Topf erhitzen, bis sie schäumt, dabei nicht braun werden lassen. Das Mehl darüber streuen und unter Rühren goldgelb anrösten.
Die Brühe und die Milch mischen, langsam dazugießen und unter Rühren aufkochen, bis die Sauce glatt ist. Mit Salz, Pfeffer und Muskat würzen und zugedeckt bei schwacher Hitze 10 Minuten kochen lassen. Dabei immer wieder umrühren.
Den Backofen auf 200 °C O/U vorheizen. Den Topf von der Kochstelle nehmen. Die Sahne mit dem Eigelb verquirlen, einige Löffel heiße Sauce untermischen. Die Mischung in die Sauce rühren. Die halbe Menge Käse in die Sauce geben und unter Rühren darin auflösen. Dabei die Sauce erhitzen, aber nicht aufkochen.
Die Kartoffeln damit übergießen, mit dem restlichen Käse bestreuen und im heißen Backofen (unten) etwa 30 Minuten backen, bis sie schön gebräunt sind.

Für dieses Essen eignen sich auch die Winzlinge, die fast jede Kartoffelpflanze trägt: Hasel- bis walnussgroße „Knöllchen" aus Ihrer Herbsternte nur gut waschen und dabei bürsten. Roh und ungeschält wie im Rezept mit der Sauce backen.

Quittengratin

Für 6–8 Portionen
3 mittelgroße reife Quitten
1/2 l Apfelsaft
2 EL Zitronensaft
1 gehäufter EL Zucker
250 g Sahne
Salz, Pfeffer

Die Quitten vierteln, schälen, das Kerngehäuse großzügig ausschneiden und die Viertel in Spalten schneiden.
Den Apfelsaft mit Zitronensaft und Zucker aufkochen. Die Quitten darin in etwa 10 Minuten halb weich garen. Mit einem Schaumlöffel herausnehmen und in einer flachen Gratinform verteilen.
Den Backofen auf 220 °C O/U vorheizen. Den Quittensud bei starker Hitze unter häufigem Rühren dick wie Sirup einkochen und über die Quitten gießen. Sparsam mit Salz und kräftig mit Pfeffer würzen. Die Sahne darübergießen.
Die Quitten im heißen Backofen (Mitte) 20 bis 25 Minuten gratinieren, bis die Sahne auch in der Mitte kocht.

Das Gratin schmeckt als Nachspeise mit Eiscreme oder als Beilage zu Wild- oder Rinderragout.

Quitten mit Fruchtfleisch, das schon braun geworden ist, können Sie ohne weiteres verwenden; die Früchte sind nur nicht mehr ganz so saftig, aber durchaus aromatisch.

Krautsalat

Für 4 Portionen
1 Weißkohl
Salz, Pfeffer
1/4 TL Zucker
1/2 EL Kümmelkörner
3 EL Weißweinessig
150 g magerer Räucherspeck

Den Kohl putzen, vom Strunk befreien und in eine Schüssel hobeln. Mit Salz bestreuen und mit einem Kartoffelstampfer kräftig zusammendrücken. Mit Pfeffer, Zucker, Kümmel und Essig mischen. Den Speck würfeln und in einer Pfanne knusprig braten. Mit dem ausgebratenen Fett zum Kraut geben und gut durchmischen.

„Wenn sich die Schnecken früh deckeln, ist der Winter nicht mehr weit."
Bauernregel

Hüter der Tradition: Die Küche der Landfrauen

Selbst ist die Landfrau

Die Küche der Menschen auf dem Land ist sparsam und oft einfach, dafür mit den allerbesten Produkten: vom Bauern, aus dem eigenen Garten, vom Metzger, der noch selber schlachtet.

Zu allererst mal: Kochen. Das versteht sich ja nicht mehr von selbst bei so viel Convenience-Food in den Supermarktregalen. Doch auf dem Land wird gekocht – jeden Tag. Da kommt der Schmarren nicht aus der Tüte, sondern wird mit altbackenen Semmeln, frischen Eiern von glücklichen Hühnern und Butterschmalz aus Eigenproduktion selber gebacken. Da wird keine Tiefkühlpizza in den Ofen geschoben, sondern ein deftiger Hefekuchen mit den dicken saftigen Herbstzwiebeln drauf. Glauben Sie mir, so etwas steckt an: Bald orientiert man sich auch am kulinarischen Landleben und kocht mit Vorliebe bäuerliche Gerichte.

Feinkostgeschäfte gibt es auf dem Land kaum, deshalb bleibt man bodenständig; Hummer und Kaviar, exotische Früchte und Trüffel kommen in der authentischen Landhausküche nicht vor. Aber Quittenkonfekt und Leberpastete gibt's schon ab und zu – nämlich selbst gemacht.

Und weil die Ruhe auf dem Land und der Überfluss, den man zur Erntezeit bewältigen muss, offenbar die Kreativität fördern, bleibt man beim Marmeladekochen und Nudelteigkneten nicht stehen. Weil man so vieles ausprobieren möchte: Brotbacken zum Beispiel. Oder Senfrühren. Man hat eine ganz köstliche Butter bei der Nachbarin probiert und geht nun selber ans Buttern. Man entdeckt, dass der eigene Joghurt ausgezeichnet im Müsli schmeckt – das natürlich mit selbst getrocknetem Obst vom letzten Sommer und Walnüssen vom eigenen Baum gemischt ist. Irgendwann macht man Quark selber, weil man was richtig Feines zu frisch geernteten Kräutern und den ersten, selbst ausgebuddelten Frühkartoffeln braucht. Und wenn Sie sich dann auch noch an Hausmacherwurst und bayerische Knöcherlsulz wagen, sind Sie beim Landhaus-Küchenluxus angelangt!

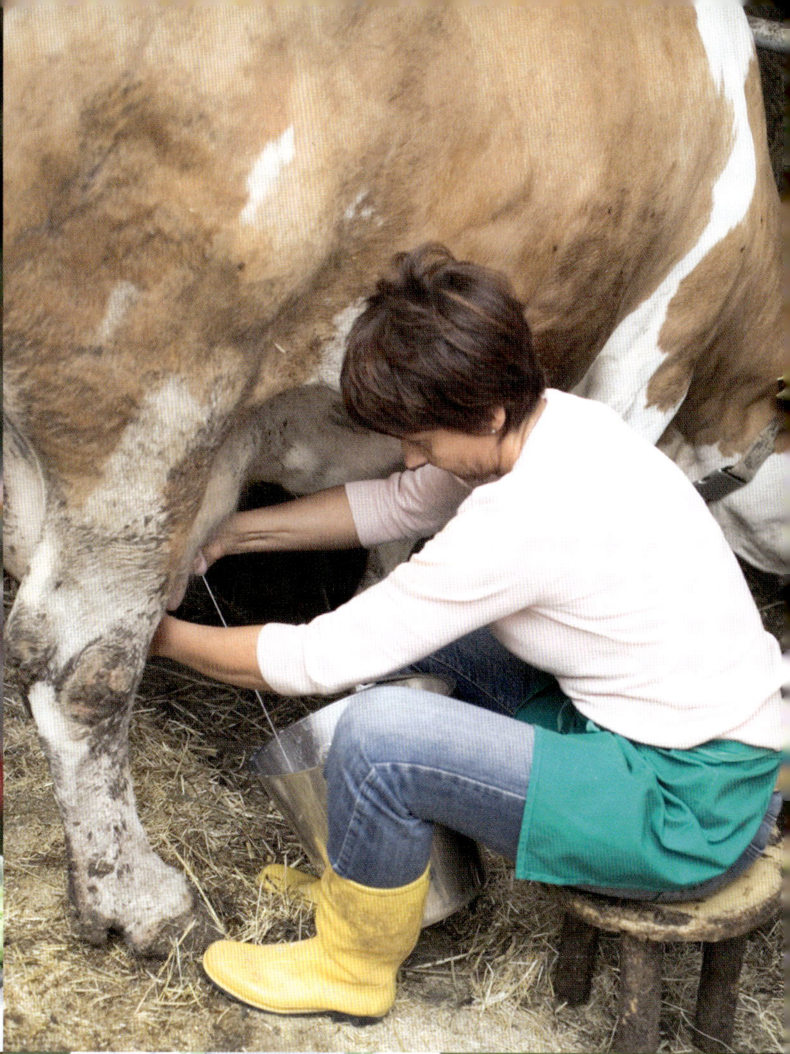

Quark selber machen

2 l frische Rohmilch aus dem Bioladen oder Reformhaus in einem hohen Gefäß aus Glas, Steingut oder Keramik mit 250 g Dickmilch mischen. Mit einem Küchentuch bedeckt in einem warmen Raum 24 Stunden ruhen lassen. Die Sahneschicht abnehmen (zum Kochen verwenden), die Milchmischung zugedeckt noch mal 3 Tage warm ruhen lasen, bis sie sauer und sehr dick ist. In einem Topf Wasser auf knapp 50 °C erhitzen. Das Gefäß mit der Milchmischung ins heiße Wasser stellen und warm halten, bis sich die klumpige Molke und die klare Flüssigkeit getrennt haben. Ein großes Sieb über eine Schüssel hängen und mit einem Seihtuch auslegen. Die Molke mit der Flüssigkeit ins Sieb gießen. Das Tuch oben fest zubinden und aufhängen, sodass die Flüssigkeit abtropfen und der Quark fest werden kann – das dauert etwa 2 Stunden.

Joghurt selber machen

1 l H-Milch auf 45 °C erwärmen; die Temperatur mit einem Bratenthermometer kontrollieren, damit der Joghurt fest wird. 150 g Joghurt oder die entsprechende Menge Joghurt-Ferment aus dem Reformhaus oder Bioladen in die Milch rühren. Den Joghurtansatz in sauber gespülte Gläser füllen. Nun bei 36 bis 40 °C O/U im Backofen oder in einer Kochkiste 6 bis 8 Stunden reifen und dabei fest werden lassen. Die Temperatur beim Reifen muss möglichst gleichmäßig bleiben.

Butter selber machen

Für die richtige Butterproduktion braucht man auch die richtige Ausrüstung. Doch bei Mengen bis zu 500 g Sahne geht das Buttern ganz rasch und einfach: Süße Sahne bis zum Mindesthaltbarkeitsdatum im Kühlschrank lassen. Dann mit den Quirlen des Handrührgerätes schlagen, bis sich Flöckchen bilden. Diese Butterstückchen mit einer Gabel zusammendrücken. Die Flüssigkeit, die sich beim Buttern bildet, können Sie für Eierkuchenteig oder Schmarren verwenden. Wer lieber gesalzene Butter mag, gibt eine Prise Salz an die flüssige Sahne.

Süßer Reisauflauf

Die Milch in einem Topf aufkochen, den Reis unterrühren und einmal aufkochen. Halb zugedeckt bei schwächster Hitze etwa 35 Minuten kochen, bis er körnig weich ist. Lauwarm abkühlen lassen. Den Backofen auf 200 °C O/U vorheizen.
Die Eier trennen. Die Eigelbe mit Zucker und Butter schaumig rühren. Zitronenschale, Vanillezucker und den Reisbrei untermischen. Die Eiweiß steif schlagen und unterziehen.
Den Teig in eine gefettete, mit Semmelbröseln ausgestreute hohe Auflaufform geben und im heißen Backofen (unten) etwa 45 Minuten backen, bis er schön gebräunt ist.

Für 4 Portionen
3/4 l Milch
100 g Milchreis
4 Eier
150 g Zucker
100 g weiche Butter
abgeriebene Bio-Zitronenschale
1 TL Vanillezucker
Fett und Semmelbrösel für die Form

Quarknocken mit Mohnbutter

Für 6 Portionen
500 g Magerquark
100 g Mehl
100 g Grieß
3 Eier
3 EL Zucker
abgeriebene Bio-Zitronenschale
50 g Butter
50 g gemahlener Mohn
Puderzucker zum Bestreuen

Den Quark auf ein Sieb geben und 20 Minuten abtropfen lassen. Mit Mehl, Grieß, Eiern, 2 EL Zucker und Zitronenschale verrühren und 30 Minuten zugedeckt ruhen lassen.
Mit zwei Esslöffeln ein walnussgroßes Probeklößchen vom Quarkteig abstechen und kochen. Die restlichen Klößchen ebenfalls abstechen, ins kochende Wasser geben und die Temperatur zurückschalten. Klößchen im offenen Topf bei schwacher Hitze 10 bis 15 Minuten garen.
Die Butter zerlassen, den Mohn und den restlichen Zucker unterrühren. Die Quarknocken mit einem Schaumlöffel herausnehmen und abgetropft auf vorgewärmten Tellern anrichten. Mohnbutter darüber verteilen, die Nocken mit Puderzucker bestreuen und heiß servieren.

Apfel-Rosinen-Schmarren

Für 2 Portionen
4 EL Rosinen
4 EL Apfelsaft
1 mittelgroßer mürber Apfel
1 TL Zitronensaft
75 g Mehl
1 Prise Salz
1/8 l Milch
1 Ei
3 EL Butterschmalz
2 EL Zucker

Die Rosinen mit dem Apfelsaft mischen und ziehen lassen, bis alles vorbereitet ist. Den Apfel vierteln, schälen, vom Kerngehäuse befreien und raspeln. Mit Zitronensaft mischen. Für den Teig Mehl mit Salz, Milch und Ei verrühren.

Das Butterschmalz in einer Pfanne zerlassen. Einen Esslöffel davon unter den Teig mischen.

Die Apfelraspel in die Pfanne geben, mit 1 EL Zucker bestreuen und bei mittlerer Hitze etwa 5 Minuten braten, bis sie gerade eben weich und goldgelb sind. Die eingeweichten Rosinen darüber verteilen. Den Teig darübergießen und zugedeckt bei mittlerer Hitze etwa 5 Minuten backen, bis er an der Unterseite fest ist. Wenden und etwa 1 Minute auf der zweiten Seite backen. Jetzt mit zwei Gabeln in Stücke teilen und bei starker bis mittlerer Hitze unter ständigem Wenden etwa 3 Minuten rösten.

Die Pfanne von der Kochstelle nehmen. Apfelschmarren mit dem restlichen Zucker bestreuen und zugedeckt etwa 3 Minuten ziehen lassen. Mit Zwetschgenkompott servieren.

Für einen saftigen Landhausschmarren brauchen Sie mürbe Äpfel, die beim Braten zerfallen: frühe Klaräpfel, gut gelagerte Boskoop oder Gravensteiner.

Apfeltörtchen mit Beerensalat

Den Backofen auf 180 °C O/U vorheizen. Das Mehl mit Haferflocken, Backpulver, Natron, Zucker, Zimt, Mohn und Zitronenschale in einer Schüssel mischen. Ei mit Buttermilch und Öl aufschlagen. Zum Mehl geben, das Kompott zufügen und alles mit einem Löffel verrühren. Den Teig in den gefetteten Mulden eines Muffinblechs verteilen.

Die Törtchen im heißen Backofen (Mitte) etwa 20 Minuten backen, bis sie schön gebräunt sind. Herausnehmen, nach etwa 5 Minuten aus den Mulden nehmen und auf einem Kuchengitter abkühlen lassen.

Für den Salat die Beeren verlesen, gegebenenfalls waschen und trocken tupfen. Auf Portionstellern verteilen und mit dem braunen Zucker bestreuen. Honig, Zimt und Zitronenschale verrühren und auf die Beeren träufeln.

Für 12 Stück

150 g Mehl
100 g blütenzarte Haferflocken
3 TL Backpulver, 1/4 TL Natron
100 g Zucker, 1 TL Zimt
2 EL gemahlener Mohn
1 TL abgeriebene Bio-Zitronenschale
1 Ei
250 g Buttermilch
80 ml Öl
4 EL Apfelkompott
600 g gemischte Beeren (Himbeeren, Brombeeren, Erdbeeren, Heidelbeeren)
75 g brauner Zucker
2 EL flüssiger Honig
1/4 TL Zimtpulver
1 TL abgeriebene Bio-Zitronenschale

Seit jeher sind Landfrauen fürs Federvieh zuständig.

Von Hühnern und Eiern

Wie Hühner gerne leben

„Im Hühnerhof darf es nicht an Schatten und Sonne, Aschen- und Sandbädern, Grünfutter (junger Klee im Sommer, Kleeheu im Winter) fehlen", heißt es bei Hedwig Dorn, die Anfang des 20. Jahrhunderts einen Ratgeber für Landfrauen geschrieben hat. Noch heute gibt es auf dem Land viele Bauern und Privatleute, die ihre Hühner mögen und deshalb weder in Käfigen wegsperren noch in riesige Ställe mit künstlichem Licht pferchen. Diese Menschen halten ihre Hühner wie in Frau Dorns guter alter Zeit. Dann sind die Hühner glücklich und die Menschen auch, weil die Eier so wunderbar schmecken.

Eier von freilaufenden Hühnern

Man kann es gar nicht oft genug betonen: Nur Eier von freilaufenden Hühnern sind gute Eier. Und nur gute Eier passen zur authentischen Landhausküche. Lassen Sie sich bitte nicht einreden, dass nur Käfighaltung hygienische Eier garantiere, dass nur Bodenhaltung human für die Tiere sei, weil ihnen kein Fuchs und kein Marder an den Kragen geht. Das ist barer Unsinn, denn die Räuber sind nachts unterwegs und vernünftige Hühner gehen abends von selber in den Stall, den der Mensch dann sicher verschließt.

Eier sind umso besser für uns, je weniger Medikamente die Tiere mit dem Futter bekommen. Und Hühner, die artgerecht leben, sind gesünder, brauchen keine Arzneimittel und legen deshalb auch gesündere Eier.

Frische Eier erkennen

Landeier liegen nicht mit aufgedrucktem Haltbarkeitsdatum im Nest. Landfrauen müssen deshalb wissen, wie frisch ein Ei ist. Das kann man leicht feststellen:

Das rohe Ei in ein Gefäß mit Wasser legen. Wenn es flach liegen bleibt, ist es ganz frisch. Je mehr es sich aufrichtet, bis es sich schließlich auf die Spitze stellt, desto älter ist es. Denn die Luftkammer am stumpfen Ende des Eies vergrößert sich und bringt es im Laufe der Zeit zum Schwimmen. Eier, die halb aufgerichtet sind oder schon auf der Spitze stehen, können Sie noch zum Kochen, Braten und Backen verwenden. Nur schwebende Eier müssen Sie wegwerfen. Bei aufgeschlagenen Eiern ist der Dotter stark gewölbt und wird in zwei „Ringen" vom dicken und dünnen Eiklar umgeben. Je älter das Ei, desto flacher sind Eigelb und Eiweiß.

Eier haltbar machen

Früher waren Eier eine wichtige Quelle für Eiweiß, denn Fleisch war knapp. Deshalb musste man während der Wintermonate, wenn Hühner kaum legen, Eier im Vorrat haben. Gewöhnlich hat man sie in Kalk konserviert: Der Boden eines Fasses wurde mit einer Schicht Sand bedeckt. Darauf setzte man die Eier so, dass sie sich berührten, und deckte wieder eine Schicht Sand darüber. Darauf kamen Eier, und nach 12 bis höchstens 16 Schichten goss man eine Lösung aus gelöschtem Kalk mit Wasser darüber. Das Fass sollte zugedeckt stehen – frostsicher, doch an einem kühlen Ort. Kalkeier hielten sich zwar über Monate, konnten aber nur zum Backen verwendet werden.

„Als vorteilhaft hat es sich auch erwiesen, die Eier in eine heiße Gummilösung zu tauchen und danach mit Gips zu bestreuen", rät ein Kochbuch aus dem Jahr 1904. Die Autorin nennt noch weitere Möglichkeiten, zum Beispiel „die Eier einige Zeit in Wasserglas zu legen und danach trocknen zu lassen." Wasserglas ist Kieselsäure oder Silicea, das wir heute als Mittel für schöne Haut, glänzende Haare und kräftige Nägel kennen. Immer ging es bei diesen Verfahren darum, Eier möglichst luftdicht aufzubewahren. So hat man sie auch mit Wachs oder Fett überzogen, in Holzasche, Sägespäne oder Spreu gepackt, die beim Dreschen anfiel.

Doch auch die luftige, kühle Lagerung wurde empfohlen: Holzregale aus einfachen Brettern mit viereckigen Öffnungen und gerade so groß, dass die Eier nicht durch die Löcher fallen. Diese Eier mussten jeden Tag gewendet werden, sodass einmal das stumpfe, dann das spitze Ende oben lag. Heutzutage macht man Eier nicht mehr haltbar; besser ist es, Pfannkuchen zu backen und Spätzle zu kochen und Portionsweise einzufrieren. Man kann Eier auch roh verquirlen und einfrieren, dann aber nur noch damit backen. Am einfachsten ist es, den Eierkonsum auf die Legefreudigkeit der Hühner einzustellen und den Eiweißbedarf gegebenenfalls mit einem schönen Stück Fleisch zu decken.

Eierröster mit Kräutern und Pilzen

Für 3 Portionen
2 Semmeln
1/8 l Milch
1 Handvoll gemischte Kräuter
1 Zwiebel
250 g weiße Champignons
3 EL Butterschmalz
2 EL Sahne
6 Eier
Salz, Pfeffer

Die Semmeln würfeln und mit der Milch übergießen. Zugedeckt ziehen lassen, bis die anderen Zutaten vorbereitet sind. Die Kräuter waschen, trocken tupfen und fein zerkleinern. Die Zwiebel schälen und fein würfeln. Die Pilze putzen, kurz waschen und in Scheiben schneiden.

1 EL Butterschmalz in einer großen beschichteten Pfanne erhitzen. Kräuter, Zwiebel und Pilze darin bei mittlerer Hitze unter Rühren braten, bis die Flüssigkeit, die sich bildet, wieder verdampft ist.

Die Semmelwürfel mit einer Gabel zerdrücken, Sahne, Eier, Salz und Pfeffer zugeben und alles locker mischen.

Das restliche Butterschmalz in die Pfanne geben und erhitzen. Die Eiermischung zugeben und zugedeckt bei mittlerer Hitze 5 Minuten braten. Mit dem Pfannenmesser in Stücke teilen und unter ständigem Wenden etwa 5 Minuten braten. Mit Salat servieren.

„Röster" stammen wie Schmarren aus der alten Bauernküche; es waren einfache Gerichte mit Brot, Obst oder Kartoffeln, die in der Pfanne gebraten wurden. Während es Schmarren noch heute in vielen Varianten gibt, sind von den alten Röstern nur noch Schweizer Kartoffelrösti allgemein bekannt.

Plinsen mit Erdbeermarmelade

Für 6 Portionen
1/2 Würfel Hefe
3/8 l Milch
60 g Zucker
1 EL Butter
300 g Dinkelmehl
abgeriebene Bio-Zitronenschale
1 Prise Salz, 1 Ei
Butterschmalz zum Backen

Die Hefe zerbröckeln, mit etwa 1/8 l lauwarmer Milch und 1 TL Zucker verrühren und 15 Minuten gehen lassen. Die Butter in der restlichen Milch bei schwacher Hitze schmelzen. Das Mehl mit dem restlichen Zucker, Zitronenschale und Salz mischen. Nacheinander Hefe, Milch mit Butter und Ei untermischen. Teig etwa 10 Minuten kräftig rühren. Mit etwas Mehl bestreuen und zugedeckt 1 Stunde gehen lassen.

Das Butterschmalz in einer großen Pfanne erhitzen. Teig als Handteller große Küchlein hineinsetzen und bei mittlerer bis schwacher Hitze pro Seite etwa 5 Minuten backen. Heiß aus der Pfanne mit Erdbeermarmelade servieren.

Holundersuppe mit Schneeklößchen

Für 3 Portionen
2 ganz frische Eiweiß
Zitronensaft
2 EL Puderzucker
500 g Holunderkompott
1 gehäufter TL Speisestärke

In einem weiten Topf mit niedrigem Rand etwa drei Finger hoch Wasser zum Kochen bringen. Eiweiß mit einigen Tropfen Zitronensaft und dem Puderzucker steif schlagen. Mit zwei Esslöffeln Klößchen abstechen und in das Wasser geben. Auf der abgeschalteten Kochstelle zugedeckt 3 Minuten ziehen lassen. Mit den beiden Esslöffeln wenden und weitere 2 bis 3 Minuten ziehen lassen. Während die Klößchen kochen, das Kompott in einen Kochtopf geben, mit der Speisestärke verrühren und unter Rühren aufkochen. In Suppenteller geben, die Klößchen mit einem Schaumlöffel aus dem Kochwasser nehmen und auf die Suppe setzen.

Maultaschen mit Rote Bete

Für 4 Portionen
200 g Mehl
Salz
75–80 ml Wasser
4 EL Olivenöl
1 Ei
100 g Bergkäse
2 gekochte Rote Bete
1/2 TL abgeriebene Bio-Zitronenschale
Pfeffer
80 g Butter
1 EL gemahlener Mohn
frisch geriebener Parmesan zum Bestreuen

Das Mehl mit 1/2 TL Salz in einer großen Schüssel vermischen. In die Mitte eine Mulde drücken. Wasser und Olivenöl in die Mulde gießen und alles zuerst mit den Knethaken des Handrührgerätes, dann mit den Händen zu einem glatten, geschmeidigen Teig verkneten. Teig zu einer Kugel formen, in Haushaltsfolie gewickelt 30 Minuten bei Zimmertemperatur ruhen lassen.

Während der Teig ruht, das Ei trennen, den Käse reiben. Die Rote Bete klein würfeln und mit dem Wiegemesser ganz fein zerkleinern. Mit Käse und Eigelb mischen, mit Zitronenschale, Salz und Pfeffer kräftig würzen.

Mit Spinat gefüllt sind Maultaschen Klassiker in Schwaben: Statt Rote Bete nehmen Sie 200 g blanchierten und gut ausgedrückten Spinat, den Sie mit dem Wiegemesser fein zerkleinern.

Die Arbeitsfläche dünn mit Mehl bestreuen. Den Teig in zwei Portionen teilen und die Portionen dünn ausrollen. Kreise von 8 bis 9 cm Durchmesser ausstechen. Auf jeden Teigkreis in die Mitte etwas Füllung geben und den Teigrand mit Eiweiß bepinseln. Teigkreis über der Füllung zusammenschlagen und die Ränder andrücken. Reichlich Salzwasser in einem großen Topf zum Kochen bringen, die Maultaschen darin einmal aufkochen. Die Temperatur zurückschalten und die Maultaschen in 3 bis 5 Minuten garen.

Die Butter in einer kleinen Pfanne bräunen. Den Mohn untermischen. Die Maultaschen mit einer Schaumkelle aus dem Wasser nehmen, gut abtropfen lassen und auf vorgewärmten Portionstellern verteilen. Mit der Mohn-Butter übergießen, mit Parmesan bestreuen.

Nur gut vom Bauern

Die Butter muss leicht bräunen, sonst schmecken die Maultaschen langweilig. Deshalb brauchen Sie unbedingt offene Butter vom Bauernhof oder Wochenmarkt. Normale abgepackte Butter aus dem Supermarkt bleibt hell und bildet nicht die aromatischen Röststoffe.

Von herzhaften Pfannkuchen und Wintersuppe aus Sauermilch

Essen wie auf dem Bauernhof

Die Bauernküche ist einfach, sparsam und kräftig, denn den Leuten, die mittags um den Tisch sitzen, geht es ums Sattwerden. Schließlich müssen sie nach dem Essen wieder Schwerstarbeit leisten: Felder bestellen im Frühling und Herbst, Ernten im Spätsommer, Holzmachen im Winter. Früher kauften die Bäuerinnen auch keine Lebensmittel, sondern kochten stets das, was draußen wuchs, was sie aus Stall und Vorratskammern holen konnte: Gemüse und Obst, Milch und Butter, Käse und Eier, Getreide und Kartoffeln. Zweimal im Jahr wurde geschlachtet, das Fleisch eingekocht oder gepökelt, Würste und Speck geräuchert. Aus alledem hatte die „Frau", wie es noch heute auf dem Land heißt, was Nahrhaftes zu machen: dreimal am Tag im Winter, fünfmal im Sommer. Zum Beispiel Käsepfannkuchen mit Apfelkompott: Aus 150 g Mehl, Salz, 2 Eiern und 1/4 l Milch einen Teig rühren. In 4 Portionen in einer großen beschichteten Pfanne mit Butterschmalz backen. Dabei jeden Pfannkuchen mit Apfelschnitzen und Reibekäse bestreuen, solange der Teig auf der Oberseite noch feucht ist. Heiß aus der Pfanne mit Apfelkompott servieren.

Für Gemüsesuppe mit allem, was der Garten bietet, das klein geschnittene Gemüse mit Zwiebel in Fett anbraten, Kartoffelwürfel zugeben und mit selbst gekochter Fleischbrühe aufkochen. Schinkenstücke zugeben und alles garen, bis Kartoffeln und Gemüse eben bissfest sind. Zum Schluss noch Wurststückchen in der Suppe erhitzen. Eine Wintersuppe, die heute kaum noch jemand kennt, war im alten Bayern die „Eingerührte": Im Herbst stellten die Bäuerinnen an einem kühlen Ort einen Holzbottich für die Milch auf, die sie am Tag nicht verbraucht hatten. Diese gesammelte Milch – gut zugedeckt und häufig umgerührt – wurde sauer und den ganzen Winter über haltbar. Sie kam als Suppe, Tunke für Knödel, Kartoffeln und Brot oder als Getränk auf den Tisch.

Die gute Kraut- und Rübenküche

Ende Oktober liegen die hellgrünen Weißkohlköpfe hoch aufgehäuft auf den Erntewagen. Auch die Rüben sind jetzt ausgegraben: Kohlrüben, die bis zu anderthalb Kilo wiegen, und Herbst- oder Stoppelrüben, die noch im Spätsommer auf den abgeernteten Getreidefeldern angebaut werden. Früher zählten Rüben zu den wichtigsten Gemüsepflanzen, denn man kann ihre Blätter und ihre Wurzeln essen. Sie sind leicht und in großen Mengen zu ziehen, nahrhaft durch den hohen Zuckergehalt, vitamin- und mineralstoffreich, um gut über den Winter zu kommen.

Es macht Spaß mit diesem deftigen Gemüse zu kochen und es in Delikatessen zu verwandeln, wie es die Frauen auf dem Land seit Generationen tun: Denken Sie nur an zarte Kohlrouladen mit saftiger Füllung, butterwürzige Rübchen mit frischen Kräutern oder hausgemachte Krautfleckerl mit Bröselbutter. Viele dieser Gerichte sind auch heute noch typisch für die Winterküche, obwohl wir so ziemlich jedes Gemüse rund ums Jahr bekommen. Doch die Tradition hat sich erhalten. Kraut, Wirsing und Karotten lagern nach der Ernte im Keller und stehen bis ins Frühjahr zur Verfügung. Grünkohl und Rosenkohl bleiben auf dem Feld, bis man sie in die Küche holt.

Ganz typisch für die ländliche Küche ist Weißkraut, in Bier geschmort und leicht süß abgeschmeckt: 1 Kopf Weißkohl von etwa 1 kg vierteln, die äußeren Blätter und den Strunk entfernen. Kohl waschen und fein hobeln. 2 EL Olivenöl erhitzen, 2 TL Zucker darin leicht bräunen. Kohl, 1 gewürfelte Zwiebel, 2 TL Kümmelkörner, Salz und Pfeffer aus der Mühle zugeben und einige Sekunden rösten. 1/4 l dunkles Weizenbier zugießen, einmal aufkochen und den Kohl zugedeckt bei mittlerer bis schwacher Hitze in etwa 15 Minuten gerade eben weich garen. Mit Zitronensaft abschmecken, mit Petersilie mischen und zu Schweinekoteletts oder Braten servieren.

„An Sankt Gall erntet man die Rüben all."
Bauernregel zu St. Gallus am 16. Oktober

Rübengröstel mit Linsensalat

Für 4 Portionen
1/2 Steckrübe
150 g Puy-Linsen oder schwarze Linsen
400 ml Gemüsebrühe
4 EL Johannisbeersaft
2 EL Apfelessig
1 TL körniger Senf
Salz, grober Pfeffer
2 EL Olivenöl
2 EL Butterschmalz
2 EL Schnittlauchröllchen

Die Steckrübe schälen und in reichlichen kochendem Wasser 30 Minuten garen. Herausnehmen und abkühlen lassen. Die Linsen mit der Brühe aufkochen, zugedeckt bei schwacher Hitze 20 Minuten garen und im verbliebenen Kochsud lauwarm abkühlen lassen.

Den Johannisbeersaft mit Essig, Senf, Salz, Pfeffer und Öl verrühren. Linsen damit mischen und zugedeckt 20 Minuten ziehen lassen.

Inzwischen die Steckrübe in Scheiben schneiden. Portionsweise in einer großen Pfanne mit dem heißen Butterschmalz auf beiden Seiten braten. Heiß mit den Linsen auf Portionstellern verteilen und mit dem Schnittlauch bestreuen.

Ein schönes Essen aus der herbstlichen Küche: Die großen Rüben mal nicht geschmort, sondern gebraten. Und Linsen mal nicht in der Suppe, sondern als feiner Salat.

Rübengratin

Mit den großen Rüben können Sie auch ein Gratin zubereiten: Eine Steckrübe schälen, waschen und würfeln. In wenig Wasser weich dünsten. Abgießen und mit dem Kartoffelstampfer zerdrücken. 1 EL braunen Zucker, 2 Eier sowie je 3 EL Schmand und Semmelbrösel unterrühren, mit Muskat und Salz kräftig abschmecken. In eine gefettete, ofenfeste Form füllen, mit Butterflöckchen belegen und im vorgeheizten Backofen (unten) bei 180 °C O/U etwa 1 Stunde backen.

Gute Linsen

Puy-Linsen aus Frankreich und schwarze Linsen, auch Beluga-Linsen genannt, eignen sich besonders gut für Salat, weil sie beim Kochen ihren Biss behalten und angenehm nussig schmecken. Beide Sorten gibt es im Naturkostladen oder Feinkostgeschäft.

Echtes Rübenkraut

Milchsauer eingelegte Herbstrüben gehören zum ländlichen Vorrat. Dieses „Rübenkraut" – nicht zu verwechseln mit dem Sirup aus Zuckerrüben – besteht am Niederrhein aus den Blättern der Rüben, die man als Gemüse schmort.

In Bayern werden die Rüben geraspelt und wie Sauerkraut eingelegt. Statt Weißkohl können Sie einfach die im Rezept angegebene Menge geraspelte Herbstrüben nehmen. Geschmort hat man Rübenkraut mit Fettem: Schweinsfüßen, Räucherspeck, Gänsekeulen oder einfach viel Gänse- oder Bratenfett.

Hefeklöße auf Sauerkraut

Mehl mit Hefe und 1/2 TL Salz in einer Schüssel vermischen. Lauwarme Milch, Eigelb und weiche Butter zugeben und alles verrühren. Etwa 5 Minuten kräftig durchkneten, bis der Teig glatt und geschmeidig ist. Zugedeckt an einem warmen Ort 1 Stunde ruhen lassen, bis sich das Teigvolumen verdoppelt hat.

Die Äpfel schälen, vierteln, entkernen und in Stücke schneiden. Das Schmalz in einem großen Bräter erhitzen. Die geschälte, gewürfelte Zwiebel darin glasig braten. Sauerkraut, Paprikapulver und Kümmel untermischen. Äpfel, Gewürze und Brühe zugeben, aufkochen und zugedeckt bei mittlerer Hitze 30 Minuten garen.

Den Hefeteig noch einmal kräftig durchkneten, zu einer Rolle formen, in 12 Stücke schneiden und diese jeweils zu einem Kloß formen. Klöße zugedeckt 15 Minuten ruhen lassen. Dann nebeneinander auf das Sauerkraut legen, dabei etwas Zwischenraum lassen, denn sie gehen beim Garen noch auf. Zugedeckt bei schwacher Hitze 30 Minuten garen. Währenddessen den Deckel nicht abnehmen. Klöße und Kraut mit der Petersilie bestreut servieren.

Für 4 Portionen

250 g Mehl
1/2 Päckchen Trockenhefe
Salz, Pfeffer
1/8 l Milch
1 Eigelb
2 EL Butter
2 Äpfel, 1 Zwiebel
2 EL Schweineschmalz
1 kg Sauerkraut
1 EL edelsüßes Paprikapulver
1 TL Kümmelkörner
1 Lorbeerblatt
3 Wacholderbeeren
1/2 l Brühe
2 EL gehackte Petersilie

„... Dass sie von dem Sauerkohle eine Portion sich hole, wofür sie besonders schwärmt, wenn er wieder aufgewärmt."
Wilhelm Busch

Gänsekeulen mit Rübenkraut

Für 4 Portionen
4 Gänsekeulen
Salz, Pfeffer
2 Zwiebeln
1 Möhre
1 säuerlicher Apfel
1 EL Schmalz
750 g Rübenkraut
1 TL getrockneter Majoran
1 Lorbeerblatt
1/4 l Hühnerbrühe
2 EL gehackte Petersilie

Die Gänsekeulen mit Salz und Pfeffer einreiben. Die Zwiebeln schälen und fein hacken. Die geschälte Möhre und den gewaschenen Apfel in kleine Stücke schneiden. Den Backofen auf 180 °C O/U vorheizen. Das Schmalz in einem großen Bräter erhitzen. Die Keulen darin bei mittlerer Hitze rundherum etwa 10 Minuten anbraten, bis Fett ausgetreten und die Haut der Keulen braun ist. Herausnehmen und auf einem Teller beiseite stellen. Zwiebeln, Möhre, Apfel und Rübenkraut im Bratfett etwa 5 Minuten anbraten. Majoran, Lorbeer und die Hälfte der Brühe zugeben und einmal kräftig aufkochen. Die Keulen mit der Hautseite nach unten auf das Rübenkraut legen und zugedeckt im heißen Ofen (unten) 1 Stunde schmoren.
Die Keulen wenden und 1 weitere Stunde im offenen Bräter schmoren. Dabei das Fett immer wieder abschöpfen, die restliche Brühe zugießen und die Keulen mit Flüssigkeit und Fett im Bräter begießen. Die Gänsekeulen nach Wunsch auf dem Rost des Backofen (mit dem Bräter darunter) noch 10 Minuten bräunen. Das Rübenkraut mit Salz und Pfeffer abschmecken und mit der Petersilie bestreuen.

Die Saison für frische Gänsekeulen ist Herbst und Winter. Sonst nimmt man Schweineschulter oder Rauchfleisch für dieses Rezept.

Bauern-Terrine

Für 8 Portionen
100 g Weißbrot
2 Orangen
250 g Schweineschulter ohne Knochen
100 g fetter Speck
200 g Kalbs- oder Geflügelleber
4 EL Pistazienkerne
1 EL abgeriebene Bio-Zitronenschale
1 TL getrockneter Thymian
Salz, Pfeffer
1 Schweinefilet
1 Hähnchenbrustfilet
2 EL Olivenöl
100 g kleine weiße Champignons
etwa 350 g durchwachsener Räucherspeck in dünnen Scheiben

Das Weißbrot klein würfeln und im ausgepressten Saft der Orangen einweichen. Mit dem gewürfelten Schweinefleisch, dem Speck und der Leber zweimal durch den Fleischwolf drehen oder im Blitzhacker zerkleinern. Den Fleischteig mit Pistazien, Zitronenschale und Thymian mischen, mit Salz und grobem Pfeffer abschmecken. Die beiden Filets mit Salz und Pfeffer einreiben und in einer Pfanne mit dem heißen Öl rundherum anbraten, aber nicht bräunen. Die Pilze putzen, waschen und mit Küchenpapier trocken tupfen.

Dazu passen hervorragend selbst gebackenes Brot und Obst-Pickles.

Den Backofen auf 160 °C O/U vorheizen. Eine Terrinen- oder Kastenform von etwa 1 1/2 l Inhalt dicht an dicht so mit Speckscheiben auslegen, dass die Scheiben am Boden der Form etwa zwei Finger breit übereinander liegen und oben über den Rand der Form hängen. Die Hälfte der Fleischmasse einfüllen und mit den Filets und den Pilzen belegen. Den Rest der Fleischmasse darauf verteilen und mit Speckscheiben bedecken. Zum Schluss die überhängenden Speckscheiben darüber legen. Die Form mit dem Deckel oder mit Alufolie (matte Seite nach oben) verschließen und in die Fettpfanne des Backofens (unten) stellen. Die Fettpfanne zu etwa 2/3 mit heißem Wasser füllen. Die Terrine etwa 1 1/2 Stunden garen.

Kontrollieren Sie ab und zu, ob noch genügend Wasser in der Fettpfanne ist. Denn falls beim Garen zuviel verdampft, müssen Sie heißes Wasser nachgießen. Terrinen brauchen nämlich Wasserdampf, damit sie gleichmäßig gar werden.

Die Bauern-Terrine herausnehmen und in der Form 1 Stunde stehen lassen. Nun die Flüssigkeit, die sich beim Abkühlen in der Form sammelt, abgießen. Die Terrine in einem kalten Raum oder im Kühlschrank einen Tag ruhen lassen. Zum Servieren wieder Zimmertemperatur annehmen lassen.

Für schön kernige Nudeln, für lockeres Brot und feines Gebäck braucht man kleberreiches Mehl aus Dinkel oder Weizen.

Kochen mit Dinkel

Viele Jahrhunderte lang zählte Dinkel zu den überaus geschätzten Getreidearten. Deshalb kennt die Traditionsküche wunderbare Gerichte mit Dinkel, enthalten alte Back- und Kochbücher Dinkelrezepte in Hülle und Fülle. Am häufigsten kultiviert wurde er in eher rauen Regionen: im Schwarzwald, in Oberschwaben und in der Schwäbischen Alb. Doch auch klimatisch milde Anbaugebiete an Neckar, Rhein und Mosel sind überliefert. Bis heute ist Schwaben mit dem Dinkel verbunden – richtige Schwäbische Spätzle macht man einfach mit Dinkelmehl!

Besser zum Backen

Genau wie Weizen, sein nächster Verwandter, besitzt Dinkel weit bessere Backeigenschaften als Roggen oder Hafer, er schmeckt viel milder als Gerste oder Buchweizen und lässt sich vielseitiger verwenden als Hirse. Sein leichtes Aroma nach Nüssen macht Dinkel zur Delikatesse unter den Körnern. Dinkelbrote aus Vollkorn backen besonders locker. Und die meisten Menschen vertragen Dinkel auch besser als Weizen; das liegt vermutlich an der ausgewogenen Fett-Eiweiß-Relation des „Schwaben-Korns".

… und besser für die Umwelt

Dinkel ist viel robuster als Weizen, stellt keine Ansprüche an den Boden, übersteht auch kalte Winter unbeschadet. Er ist ziemlich widerstandsfähig gegen Pilzerkrankungen und braucht deshalb kaum Pflanzenschutzmittel. Außerdem eignet er sich nicht wie Zuchtweizen für Höchsterträge, muss nicht natürlich gedüngt werden und Kunstdünger bringt ebenfalls keine Ertragssteigerung. Das hat ihn in unseren Zeiten der sinnlosen Überproduktion von Lebensmitteln lange vom Markt verdrängt: 1937 betrug die Anbaufläche in Deutschland noch über 50 000 Hektar und sank nach dem 2. Weltkrieg fast auf Null. Erst mit der alternativen Ernährung wurde Dinkel wieder interessant. So verhalfen Biobauern dem traditionsreichen Getreide vor einigen Jahren zur Renaissance.

Rosenkohl mit Dinkel-Schupfnudeln

Für 4 Portionen
50 g Butter
100 g Dinkel-Vollkornbrösel
100 g Dinkelmehl
Salz
100 g Sahne
2 Eier
1 kg Rosenkohl
1 Zwiebel
150 g gekochter Schinken
2 EL Öl
1 TL Mehl
1/8 l Fleisch- oder Gemüsebrühe
Pfeffer
Mehl zum Formen
Butterschmalz zum Braten

Für die Schupfnudeln die Butter erhitzen, Dinkelbrösel darin hellbraun rösten. In eine Schüssel geben. Mehl, Salz und Sahne untermischen und lauwarm abkühlen lassen. Die Eier unterrühren. Den Teig zugedeckt 30 Minuten ruhen lassen.

Reichlich Wasser zum Kochen bringen. Vom Teig mit einem Teelöffel etwa walnussgroße Stücke abnehmen und auf Mehl zu fingerlangen Nudeln rollen. Die Nudeln im sprudelnd kochenden Wasser einmal aufkochen und bei mittlerer Hitze etwa 5 Minuten kochen, bis sie an der Oberfläche schwimmen. Mit einem Schaumlöffel herausnehmen und auf eine Platte geben.

Den Rosenkohl putzen, waschen und jeweils am Stielende kreuzweise einschneiden. Die Zwiebel halbieren und in dünne Scheiben schneiden. Den Schinken grob zerkleinern. Das Öl in einem großen Topf erhitzen, Zwiebel und Schinken darin bei mittlerer Hitze anbraten. Rosenkohl und Mehl zugeben und einige Male umrühren. Brühe zugießen und aufkochen. Rosenkohl mit Salz und Pfeffer würzen und zugedeckt bei schwacher Hitze in etwa 15 Minuten gerade eben weich garen.

Die Schupfnudeln in einer großen beschichteten Pfanne mit Butterschmalz rundherum leicht braun braten, dabei die Pfanne immer wieder kräftig rütteln, damit die Nudeln gleichmäßig braun werden. Zum Rosenkohl servieren.

Tolles Aroma für die Schupfnudeln: Das Mark aus einer Vanilleschote kratzen und mit der Schote ins Butterschmalz geben. Die Nudeln zufügen und braten.

„Niemand lebt von feinem Essen länger als von derber Nahrung."
Knut Hamsun

Freitags auf dem Land

Der Freitag ist fleischloser Tag, auch heute noch. Mit Fasten hat das nichts zu tun, sondern eher mit üppigen Mehlspeisen und deftigen Fischgerichten – je nach Region. An der Küste stellen die Frauen eben den frisch gefangenen Freitagsfisch gesotten oder gebraten auf den Tisch, anderswo gibt's gebackenen Reis mit Pilzen und Käse oder was Süßes wie Apfelschmarren oder Plinsen mit Erdbeermarmelade.

Almnudeln im Süden

Kartoffeln und Nudeln zusammen gekocht finden Sie häufig in der ländlichen Traditionsküche.

Ein typisches Freitagsessen der Bergbauern sind Almnudeln: 500 g Kartoffeln schälen, waschen und in kleine Würfel schneiden. Reichlich Salzwasser in einem großen Topf aufkochen. Kartoffeln und 400 g Hörnchennudeln darin aufkochen und zugedeckt bei mittlerer Hitze in etwa 12 Minuten weich garen. Inzwischen eine Zwiebel schälen, fein hacken und in 1 EL Öl glasig braten. 300 g Kaffeesahne zugießen, 150 g geriebenen Emmentaler hinzufügen und unter Rühren bis knapp unter den Siedepunkt erhitzen. Mit Pfeffer und Muskat kräftig würzen. Die Kartoffeln und Nudeln abgießen und kurz abtropfen lassen. Mit der Zwiebel-Käse-Sahne mischen. Mit Apfelmus oder grünem Salat servieren.

Heringe mit Stampfkartoffeln im Norden

3 frische (grüne) Heringe waschen, trocken tupfen, mit Salz und Pfeffer würzen und in Mehl wenden. In reichlich Butterschmalz pro Seite etwa 5 Minuten braten, dabei häufig mit dem Bratfett beschöpfen. Für die Stampfkartoffeln 500 g mehlige Kartoffeln schälen, waschen und würfeln. Mit Salz und 1/8 l Gemüsebrühe aufkochen und zugedeckt bei schwacher Hitze in etwa 15 Minuten weich kochen. In der verbliebenen Brühe grob zerdrücken und dabei 125 g Buttermilch untermischen. 1 EL Semmelbrösel in 2 EL heißer Butter goldgelb rösten. Auf den Stampfkartoffeln anrichten und mit gehackter Petersilie bestreuen.

Pfannfisch

Für 2 Portionen

300 g Seelachsfilet
Salz, Pfeffer
1 EL Zitronensaft
4 Pellkartoffeln
2 EL Butterschmalz
1 Zwiebel

Das Fischfilet mit Salz und Pfeffer würzen. In wenig Wasser mit Zitronensaft aufkochen und bei schwächster Hitze zugedeckt 5 Minuten ziehen lassen, dabei einmal wenden. Herausnehmen, abkühlen lassen und in Stücke teilen.

Die Kartoffeln schälen und in Scheiben schneiden. Das Butterschmalz in einer großen Pfanne erhitzen. Die geschälte, zerkleinerte Zwiebel darin bei schwacher Hitze glasig braten. Die Kartoffeln zugeben und bei mittlerer Hitze unter häufigem Wenden knusprig braten.

Das Fischfilet zugeben und alles bei starker bis mittlerer Hitze etwa 3 Minuten garen. Mit Salz und Pfeffer abschmecken.

Gebackener Reis mit Pilzen

Für 4 Portionen

150 g Reis
1/2 l Gemüsebrühe
500 g Champignons
2 EL Öl
1 Zwiebel
Salz, Pfeffer
200 g Reibekäse
1 EL Butter

Den Reis mit der Brühe aufkochen und zugedeckt bei schwacher Hitze 15 Minuten garen. Den Backofen auf 200° C O/U vorheizen. Die Pilze putzen, kurz waschen, trocken tupfen und in Scheiben schneiden.

Die geschälte, zerkleinerte Zwiebel im heißen Öl glasig braten. Pilze zugeben und schmoren, bis sie leicht gebräunt sind. Mit dem Reis mischen, mit Salz und Pfeffer kräftig würzen und in eine gefettete ofenfeste Form geben. Mit dem Käse bestreuen, mit der Butter in Flöckchen belegen und in den heißen Backofen (Mitte) schieben. Den Reis etwa 30 Minuten backen, bis die Käseschicht schön gebräunt ist.

Brotbacken

Die Haustiere auf dem Bauernhof bekamen zu Weihnachten ein Stückchen Brot, denn lange Zeit galten Vieh und Brot als Grundlagen des Lebens.

Nicht vom Brot allein leben wir – das ist gewiss richtig. Doch früher war den Menschen ihr tägliches Brot so wertvoll, dass jeder, der den Laib zuerst anschnitt, mit dem Daumen der rechten Hand ein Kreuzzeichen darauf malte. Brot enthält übrigens so viele Nährstoffe, dass wir damit ohne weiteres überleben können. Die Brotgetreidesorten Weizen, Dinkel, Roggen und Gerste enthalten über 10 Prozent Pflanzeneiweiß. Zu einem Stück Käse oder einem Glas Milch gegessen, liefert uns die einfache Scheibe Brot soviel Eiweiß wie ein Stück Fleisch.

Backkünstler

Die Bäckerei als Gewerbe – nicht als Arbeit, die zu Haus und Hof gehört – gibt es etwa seit 4000 Jahren, und sie ist älter als die Müllerei; im alten Ägypten erledigten die Bäcker auch das Mahlen des Getreides. Im antiken Rom galten die Bäcker als Künstler, die ihr Warenangebot ganz auf die Bedürfnisse ihrer reichen und anspruchsvollen Kunden abstimmten. Heute werden die meisten Brötchen in Brotfabriken gebacken, und den Bäcker zu finden, der wirklich knusprige, wohlschmeckende Brezeln backen kann, gilt uns inzwischen als Kunst.

Brot für den Vorrat

Ringbrote ließen sich auf Stangen „fädeln" und für Mäuse unerreichbar an die Decke hängen. Sternförmige Kerben erleichterten das Brechen des Brotes – früher musste Brot lange reichen und wurde hart. Nicht jeder aber besaß ein scharfes Messer.

Brot selber backen

Kräftiges Bauernbrot mit Roggen und Sauerteig ist etwas für die kalte Jahreszeit. Erstens, weil Brotbacken dann mehr Spaß macht, als in der Sommerhitze. Und zweitens wird das Brot besonders locker und aromatisch, wenn Sie den Teig „kalt" gehen lassen – in der Speisekammer oder im Keller. Selbstverständlich funktioniert diese sogenannte kalte Führung auch im Kühlschrank, doch die große Schüssel für den zweieinhalb Kilo-Wecken nimmt eine Menge Platz weg, den man im Sommer gut brauchen kann.

Mein Brot

1300 g Mehl gemischt, davon etwa 300 g Roggenvollkornmehl
10–12 g Trockenhefe
27 g Salz
32 g Sauerteigpulver oder 150 g flüssiger Sauerteig
gut 1 l lauwarmes Wasser
Öl und Haferflocken für die Form

In einer großen Schüssel Mehl mit Hefe, Salz und Sauerteigpulver mischen. Flüssigen Sauerteig geben Sie mit dem Wasser dazu. In die Mitte der Mischung eine tiefe Mulde machen und etwa die halbe Menge Wasser zugießen. Alles von der Mitte ausgehend mit einem Kochlöffel verrühren, dabei nach und nach das restliche Wasser zugeben. Mischen, bis sich alles miteinander verbunden hat; kneten ist nicht notwendig. Den Teig mit einem Küchentuch bedeckt 1 bis 1 1/2 Tage kalt gehen lassen. Einen leicht mit Öl gefetteten Bräter (mit Deckel) mit ein paar Haferflocken ausstreuen. Den Teig einfüllen und zugedeckt noch mal etwa 1 Stunde bei Zimmertemperatur stehen lassen.

Auf den Boden des Backofens drei kleine ofenfeste Gefäße mit Wasser stellen. Den Bräter zugedeckt in den kalten Ofen (unten) stellen, die Temperatur auf 270 °C O/U schalten und das Brot 35 bis 40 Minuten backen. Nun bei 200 °C noch 30 Minuten, dann bei 180 °C 20 bis 25 Minuten backen. Schließlich im abgeschalteten Ofen noch 10 Minuten ruhen lassen. Herausnehmen, auf einem Kuchengitter etwa 5 Stunden ganz abkühlen lassen. In ein Küchentuch gewickelt über Nacht kalt ruhen lassen, dann erst anschneiden.

Praktische Tipps

Das Grundrezept können Sie nach Lust und vorhandenen Zutaten variieren: Mit mehr Dinkel oder mit Vollkornmehl, mit Buttermilch oder Brottrunk statt Wasser, mit Brotgewürzen, gedarrten Körnern oder mit Nüssen. Je mehr Vollkornmehl Sie nehmen, desto fester wird das Brot.

Wichtig sind das stufenweise Backen und die Töpfchen mit Wasser im Ofen. Wasser sorgt für Feuchtigkeit, die unterschiedliche Temperatur beim Backen lässt den Teig noch eine Weile aufgehen, bis der Ofen richtig heiß ist.

Außerdem habe ich mit der geschlossenen Form – zum Beispiel einem beschichteten Bräter aus Gusseisen mit Glasdeckel – die besten Erfahrungen gemacht. Unter dem Deckel bildet sich Feuchtigkeit, die Kruste wird appetitlich braun und knusprig, aber nicht trocken, die Krume ist schön feinporig.

Roggen braucht Säure

Kleine Mengen Roggenteig mischt man mit Zitronensaft, große mit Sauerteig, den Sie flüssig oder getrocknet in Naturkostläden, Reformhäusern und Supermärkten bekommen. Er besteht aus mit Wasser vergorenem Roggen- oder Weizenmehl und enthält wie Hefe Millionen von Kleinstlebewesen, die sich vom Mehl ernähren und dabei zweierlei bewirken: Ein Teil des Mehls wird zu Kohlendioxid – dieses Gas lockert den Teig. Zweitens entstehen Essig- und Milchsäure – dadurch bekommt Roggengebäck die feine Krume. Roggenteig ohne Säure wird beim Backen klebrig.

Sauerteig selber machen

Für 600 g Sauerteig 200 g Vollkornmehl aus Roggen oder Weizen mit etwas Salz und 200 ml lauwarmem Wasser verrühren. Entweder 1 EL flüssigen Natursauerteig oder 2 EL Brottrunk untermischen. Bei 25 °C, das heißt am Kachelofen oder auf der Heizung, etwa 3 Tage stehen lassen, bis der Ansatz große Blasen zeigt und fein säuerlich riecht – etwa wie frisch angeschnittenes Roggenbrot. Noch 100 g Roggenvollkornmehl und 100 ml lauwarmes Wasser unterrühren und 1 Tag in der Wärme gären lassen. Wenn der Ansatz jetzt noch immer frisch und säuerlich duftet, ist er fertig. Nehmen Sie nun soviel ab, wie Sie fürs Rezept brauchen. Sobald der Brotteig aufgegangen ist, geben Sie 2 EL davon wieder zum restlichen Sauerteig. Vollkornmehl und warmes Wasser zufügen und wie oben warm gären lassen. Sobald sich oben eine klare Flüssigkeit gebildet hat, können Sie den fertigen Sauerteig im Kühlschrank aufbewahren.

Kartoffel-Käse-Semmeln

Für 18 Stück
350 g mehlige Kartoffeln
500 g Mehl
1 Päckchen Trockenhefe
2 TL Salz
200 ml Milch
50 g Butter
2 Eigelbe
100 g Appenzeller oder Greyerzer
Mehl zum Formen
2 EL Sahne

Die Kartoffeln mit der Schale in wenig Wasser weich kochen, schälen, mit einer Gabel fein zerdrücken und in einer Schüssel lauwarm abkühlen lassen.

Mehl, Hefe und Salz mischen. Milch und Butter in einem Topf erwärmen, bis die Butter geschmolzen ist. Zum Mehl gießen, zimmerwarme Eigelbe zugeben. Alles mit den Knethaken des Handrührgerätes etwa 5 Minuten durchrühren, bis der Teig Blasen bildet. Kartoffeln mit den Händen unterkneten. Den Teig zugedeckt bei Zimmertemperatur etwa 2 Stunden gehen lassen, bis sich das Teigvolumen verdoppelt hat. Den Käse in 18 Würfelchen schneiden.

Teig auf der bemehlten Arbeitsfläche kräftig durchkneten. Die Hände in Mehl tauchen, 18 Semmeln formen, mit jeweils 1 Käsewürfel füllen und nebeneinander auf ein Backblech mit Backpapier legen. Weitere 15 Minuten gehen lassen.

Den Backofen auf 200 °C O/U vorheizen. Die Semmeln mit Sahne bestreichen und in den heißen Ofen (Mitte) schieben. Etwa 45 Minuten backen. Lauwarm oder gerade eben abgekühlt servieren.

Die Semmeln gelingen nur mit mehligen, stärkereichen Kartoffeln. Festkochende oder neue Kartoffeln machen den Teig zu feucht.

Milchkringel mit Mohn

Mehl mit Salz, Zucker und Hefe in einer Schüssel mischen. Milch und Butter erwärmen, bis die Butter gerade eben zerlaufen ist. Zum Mehl gießen, das Ei zufügen und alles mit den Knethaken des Handrührgerätes etwa 10 Minuten durchrühren, bis der Teig einen Kloß bildet. Zugedeckt bei Zimmertemperatur etwa 2 Stunden ruhen lassen, bis er sein Volumen verdoppelt hat.
Den Backofen auf 180 °C O/U vorheizen. Den Teig auf der mit Mehl bestreuten Arbeitsfläche zu einer Rolle von etwa 40 cm Länge formen. Die Rolle in 10 Stücke schneiden. Jedes Stück zu einem Strang von etwa 30 cm Länge rollen und zu einem Kreis zusammenlegen. Die Enden gut festdrücken. Ringe auf zwei Backbleche mit Backpapier legen. Mit Sahne bestreichen, mit Mohn bestreuen und pro Blech 18 bis 20 Minuten backen, bis sie leicht gebräunt sind. Herausnehmen und auf einem Kuchengitter abkühlen lassen.

Für 10 Stück
300 g Dinkelmehl
Salz
1 TL Zucker
2 TL Trockenhefe
150 ml Milch
3 EL Butter
1 Ei
2 EL Sahne
1 EL Mohn

Bäuerliche Fladenbrote

Für 16 Stück
250 g Magerquark
250 g Roggenmehl
2 EL Schmand
Salz
1 TL abgeriebene Bio-Zitronenschale
Muskatnuss
Schmalz zum Backen

Die Milch in einem Topf aufkochen, den Quark mit Roggenmehl, Schmand, Salz, Zitronenschale und Muskat mit den Knethaken des Handrührgerätes verrühren, bis alles krümelig ist. Auf der Arbeitsfläche mit den Händen kneten, bis der Teig kaum noch klebt.
Die Arbeitsfläche mit etwas Mehl bestreuen. Den Teig in 16 Stücke schneiden. Jedes Stück zu einer länglichen, etwa messerrückendicken Platte ausrollen. Soviel Schmalz erhitzen, dass es in einer großen Pfanne fingerhoch steht. Die Teigplatten darin portionsweise bei mittlerer Hitze langsam backen, bis sie sich stark aufgebläht haben und an der Unterseite braun sind. Wenden und auf der zweiten Seite backen. Auf Küchenpapier abtropfen lassen und warm servieren.

Wo es weder Massentierhaltung noch Viehtransporte gibt

Gutes Fleisch vom Land

Unsere Freunde sind Landwirte mit einem prächtigen Hof – ein ehemaliges Kloster mit kleinem Kirchlein daneben. Neben der normalen Landwirtschaft baut Paul Spargel und Erdbeeren an, züchtet Rinder und Schweine und geht auf die Jagd. Maria kümmert sich um den Hofladen, der alles bietet, was der Landmensch zum guten Leben braucht: aromatische sahnige Bauernbutter und ausgezeichnete Käsesorten aus der Region. Alle zwei Wochen gibt es selbst gebackenes Bauernbrot und jedes Wochenende frischen Kuchen. Die geräucherten Forellen stammen aus dem eigenen Fischwasser, die Eier vom freilaufenden Federvieh, das einen Hühnerhof bewohnt wie ihn Hedwig Dorn als vorbildlich beschrieben hat. Maultaschen und Leberknödel machen die Frauen in der Küche, Würste und Schinken der Metzger, der regelmäßig kommt. Deshalb werden die Tiere auch nicht im Viehtransport zum Schlachthof gekarrt, sondern von Paul selbst die paar Meter vom Stall zum hofeigenen Schlachthaus geführt. Dass hier Züchten und unvermeidliches Töten so human wie möglich geschehen, merkt man der Qualität des Fleisches an.

Schlachttage

… gab es überall auf dem Land bis in die 90er Jahre, und heute liegt es wieder im Trend, Nutztiere für die Selbstversorgung zu halten. Wenn es dann richtig kalt wird gegen Ende November, kommt der Lohnmetzger zum Schlachten. Ist das Tier zerlegt, werden Blut- und Leberwürste, Grützwurst und Presssack meist gleich auf dem Hof zubereitet. Die anderen Wurstsorten macht gewöhnlich der Metzger – mit schierem und fettem Fleisch für den guten Geschmack, Knorpel für die richtige Bindung. Der Schinken wird zum Räuchern vorbereitet. Das Fleisch wandert in Portionen aufgeteilt in den Tiefkühlschrank; früher musste man es für den Wintervorrat einkochen. Nach getaner Arbeit aßen die Leute in Süddeutschland ihre Metzel- oder Kesselsuppe: In einer kräftigen Brühe von Schweinskopf und Fleisch lagen noch ein paar Blut- und Leberwürste, waren aufgeplatzt und hatten die Suppe sämig gemacht. Zwiebelwürfelchen, Pfeffer und Salz standen auf dem großen Tisch, die Schüssel mit dem Kopffleisch, den besten Stückchen, in der Mitte. Und nur knusprig frisches Brot gab es dazu. Dieses traditionelle gemeinsame Schlachtessen findet heute kaum statt – erlebt habe ich es in unserem Dorf noch nicht, obwohl gerade die Älteren davon regelrecht schwärmen. Nur einige Gasthöfe in der Region bieten Kesselsuppe an, und an bestimmten Tagen kann man sie auch beim örtlichen Metzger fertig kaufen, um sie zu Hause nur zu erhitzen. Früher wurde ein Teil der Kesselsuppe eingekocht oder eingefroren und kam am Heiligen Abend nach der Christmette als „Mettensuppe" auf den Tisch.

Hausmacher-Leberwurst

Für 10 Portionen
500 g roher Schweinebauch
2 Lorbeerblätter
2 Zwiebeln
3 Gewürznelken
Salz
je 250 g Schweine- und Geflügelleber
1 Semmel vom Vortag
3 EL Schweineschmalz
1 EL Mehl
1 EL getrockneter Majoran
2 EL Obstbrand
Pfeffer

Den Schweinebauch mit Lorbeerblättern, 1 geschälten, halbierten Zwiebel, Nelken und Salz in einen Topf geben. 1/2 l kaltes Wasser zugießen, aufkochen und das Fleisch zugedeckt bei schwacher Hitze 1 1/4 Stunden kochen. In der Brühe abkühlen lassen.
Die Leber kalt abspülen, trocken tupfen und in Stücke schneiden, dabei Röhren und Häute entfernen. Das Fleisch aus der Brühe nehmen und grob würfeln.
Die Semmel in Wasser einweichen und wieder gut ausdrücken. Leber, gekochtes Fleisch und Semmel durch den Fleischwolf drehen.
Die zweite Zwiebel schälen, fein würfeln und im mäßig heißen Schmalz glasig dünsten. Mehl und Majoran unterrühren und kurz ziehen lassen. 1/8 l Brühe vom Schweinebauch abmessen, zugeben und 5 Minuten köcheln.
Das Fleischpüree zugeben und unter Rühren etwa 3 Minuten schmoren. Mit Obstbrand, Salz und Pfeffer kräftig abschmecken. In eine Terrinenform mit Deckel füllen und abkühlen lassen. Die Leberwurst hält sich im Kühlschrank etwa 1 Woche.

Metzelsuppe

Für 4 Portionen
1 Zwiebel
2 EL Schweineschmalz
1 1/2 l Fleischbrühe
je 2 frische Blut- und Leberwürste
1 TL getrockneter Majoran
Salz, Pfeffer
geriebene Muskatnuss
4 Scheiben dunkles Bauernbrot
1 Bund Schnittlauch

Die geschälte Zwiebel in Ringe schneiden. 1 EL Schmalz in einem Topf erhitzen und die Zwiebelringe darin glasig braten. Die Brühe zugießen und aufkochen. Die Würste zugeben, einmal aufkochen und bei schwacher Hitze garen, bis sie aufgeplatzt sind. Suppe noch etwa 5 Minuten garen, dann mit Majoran, Salz, Pfeffer und Muskat kräftig abschmecken.
Das Brot würfeln. Den Schnittlauch waschen, trocken tupfen und in feine Röllchen schneiden. Das restliche Schmalz in einer Pfanne erhitzen und das Brot darin bei mittlerer Hitze unter häufigem Wenden knusprig braten. Die Metzelsuppe in vorgewärmten Tellern anrichten, die heißen Brotwürfel und den Schnittlauch darauf verteilen. Sofort servieren.

Für Grützwurst von der fertigen Suppe ohne Brot und Schnittlauch 1/2 l abnehmen und in einem Topf mit 250 g Gersten- oder Grünkernschrot mischen. 200 g fette Schwarten und beliebige Wurstreste durch den Fleischwolf drehen und zugeben. Alles gut verrühren, aufkochen, mit Salz, Pfeffer und Piment würzen und bei schwacher Hitze garen, bis die Mischung ganz dick ist. In sauber gespülte Gläser füllen und verschließen. Im Kühlschrank aufbewahren und innerhalb von 1 Woche essen.

Je wärmer das Wetter, desto mehr Salz braucht man für das Fleisch, damit es beim Einsalzen nicht verdirbt.

Räuchern

Weihnachten und Ostern ist Räucherzeit auf dem Land. Denn für das Einsalzen und Suren sollte es draußen kalt sein, damit das Fleisch im kühlen Keller ruhen kann.

Für Räucherschinken nimmt man Schlegel, für Speck ein Stück nicht zu fetten Schweinebauch. Die Stücke werden mit einer Mischung aus Salz, Pfeffer und Knoblauchgranulat eingerieben. Das Salz sollten Sie abwiegen: pro Kilo Fleisch brauchen Sie nur 7 bis 9 g. Das Fleisch in ein Gefäß aus Holz oder Kunststoff legen und mit einem Holzdeckel beschweren, um es zu pressen. So ruht es im Keller bei 10 bis 12 °C 8 Tage lang. Die sich dabei bildende Flüssigkeit gießt man nach der Ruhezeit ab. Manche verwenden sie auch für den Sud.

Nun den Sud zubereiten: Soviel Wasser in einen Topf geben, dass das Fleisch davon bedeckt ist. Gewürznelken, Wacholderbeeren, Lorbeerblätter, getrockneten Majoran und Kümmelkörner zufügen, aufkochen und 15 Minuten sanft kochen lassen. Abkühlen lassen. Sobald der Sud etwa 10 °C kühl ist, wird er über das Fleisch gegossen. Das Fleisch wieder beschweren, sodass es nicht im Wasser schwimmt, sondern vollständig bedeckt ist. Nun 3 Wochen im kühlen Keller ruhen lassen. Nach diesem „Suren" muss das Fleisch 1 Tag lang gewässert werden: Aus dem Sud nehmen und in ein Gefäß mit frischem kaltem Wasser legen. Das Wasser vier- bis fünfmal wechseln.

Das gewässerte, gesurte Fleisch kommt nun in die Räucherkammer oder einen Schrank aus Blech mit einem Rost über der Bodenplatte, in dem Sägespäne ständig am Glimmen gehalten werden, bis das Geräucherte nach 3 bis 5 Tagen fertig ist.

Knöcherlsulz

Die Schweinefüße und Schwänze vom Metzger in etwa 5 cm lange Stücke teilen lassen. In einen großen Topf legen und soviel kaltes Wasser zugießen, dass es etwa zwei Finger hoch über den „Knöcherln" steht. Das Suppengrün putzen, waschen und grob zerkleinern.

Die Zwiebeln schälen und vierteln. Mit den Lorbeerblättern, Gewürznelken, Pfefferkörnern, Zitronenschale, 1 EL Salz und 2 EL Essig in den Topf geben.

Langsam zum Kochen bringen und zugedeckt bei schwacher Hitze etwa 1 1/2 Stunden garen, bis die Schweinefüße und Schwänze ganz weich sind. Herausnehmen, nebeneinander zum Abkühlen auf eine Platte legen und zudecken, damit die Stücke – die Knöcherl – saftig bleiben. Oder das Fleisch heiß von den Knochen lösen und mit etwas Brühe bedeckt abkühlen lassen.

Die Brühe durch ein Sieb in einen sauberen Topf gießen und aufkochen. Das Eiweiß mit 1 EL Wasser verrühren und in die Brühe rühren, bis es flockig ist. Über Nacht kühlen. Am nächsten Tag die weiße Schicht aus Fett und Eiweiß von der gelierten Brühe nehmen. Die Brühe wieder aufkochen und sehr kräftig mit Salz, Essig und fein gemahlenem Pfeffer abschmecken. Knöcherl, Essiggurken- und Möhrenscheiben bunt in einer Gratinform anordnen. Ein Sieb mit einem Mulltuch auslegen.

Die heiße Brühe durch das Sieb über die Knöcherl gießen. Über Nacht kühlen, bis die Sülze erstarrt ist. Mit Bauernbrot und Senf oder mit Bratkartoffeln servieren.

Für 6 Portionen

1 kg Schweinefüße und Schweineschwanz gemischt
2 Bund Suppengrün
2 Zwiebeln, 2 Lorbeerblätter, 2 Gewürznelken
1 großes Stück Bio-Zitronenschale
Salz, Pfeffer, 1 TL Pfefferkörner
etwa 4 EL Essig
1 Eiweiß
3 Essiggurken, 1 gekochte Möhre

Einladung zum Feiern: Feste und kulinarische Bräuche

6

Kerzenschein und Küchel im kältesten Monat des Jahres

Die Lichtmess-Party

Früher ließ man einen Vorrat an Lichtmess-Kerzen weihen: rote für Frauen im Wochenbett, schwarze bei Unwetter und blaue für Maria als Fürsprecherin in allen Nöten, die uns im Laufe des Lebens heimsuchen.

Wenn in den Städten Fasching und Karneval auf Hochtouren laufen, feiern die Menschen auf dem Land ein stilleres Fest mit langer Tradition: Lichtmess am 2. Februar. Wie so viele ländliche Bräuche, ist es ein Gemeinschaftsfest: Man versammelt sich auf dem Platz vor der Kirche, wo der Priester die mitgebrachten Kerzen der Gläubigen weiht. Nun entzündet man eine nach der anderen und zieht damit gemeinsam in die Kirche – der düstere, kalte Februarabend gewinnt mit einem Mal an Glanz und Wärme. Ihre in der Messe geweihten Kerzen nehmen die Leute brennend mit nach Hause und achten vor allem bei der dicksten darauf, dass sie nicht erlischt. In einigen Regionen Bayerns bekommt jeder, der das schafft, süßes Schmalzgebäck.

Was Lichtmess auf dem Land bedeutet

Früher war es der Beginn eines neuen Arbeitsjahres: Die Männer hatten das Getreide gedroschen, die Frauen die Wolle gesponnen. Für die Feldarbeit war es noch zu früh. Nun konnten sich die Leute eine neue Stelle suchen. Dazu gingen sie nicht unbedingt von Hof zu Hof, sondern lieber „schlenkeln". Dieses alte bayrische Wort wird heute nicht mehr benutzt; es bedeutet soviel wie „suchend umherschlendern". Auf dem „Schlenklmarkt", der immer zeitig vor Lichtmess stattfand, trafen sich Knechte, Mägde und Bauern, verhandelten, schlossen Verträge per Handschlag. Pünktlich zu Lichtmess wurde dann Abschied genommen: Als Dankeschön für ihre harte Arbeit bekamen die Leute von der Bäuerin ein paar Schmalzküchlein mit auf den Weg. Und für die Neuen, die frühestens an „Pfinsta", dem Tag nach Lichtmess, oder erst am Aschermittwoch antraten, gab es zum Einstand ebenfalls Küchel.

HOBART

Süßes Lichtmess-Gebäck wird immer in Fett ausgebacken; wenn Sie es ganz authentisch zubereiten wollen, nehmen Sie Butterschmalz oder auch Schweineschmalz. Beides ist typisch für die bäuerliche Küche.

Essen zu Lichtmess

Es ist bäuerlich einfach mit Zutaten aus der echten Winterküche: selbst gebackenes Fladenbrot aus Roggenmehl zum Aufstrich aus Kartoffeln und mit süßscharfem Apfelsalat. Als Nachtisch zum Haferl Milchkaffee gibt es Schürzkuchen, das typische Schmalzgebäck, das Sie in großen Schüsseln auf den Tisch stellen, rundum beklebt mit brennenden Kerzen.

Küchel backen

Viele Frauen haben ihr eigenes Rezept für Lichtmessküchlein: zum Beispiel aus üppigem Hefeteig mit Butterschmalz, Eiern und Rosinen. Den Teig schneidet man zu Quadraten und beschöpft ihn beim Frittieren ständig mit Fett, sodass sich das Gebäck wie ein Kissen aufplustert. Schürzkuchen aus Mürbeteig werden zu Rauten geschnitten und mit einem Längsschnitt in der Mitte versehen. Einen Zipfel des Teiges steckt man durch den Schnitt, und beim Ausbacken formt sich das Küchlein wie ein im Wind geblähtes Tuch. Strauben aus Brandteig erinnern an Eberswalder Spritzkuchen, werden aber nicht mit Guss überzogen oder gar wie Eclairs mit Creme gefüllt. Schließlich waren die Küchlein als Proviant bestimmt und mussten sich gut transportieren lassen.

Alter Brauch

Aus Schwaben ist ein karges Mahl überliefert: Die Frau des Hauses steckte Kerzen auf einen hölzernen Teller, und die Familie betete abends davor den Rosenkranz. Zu essen gab es Fladen aus Brotteigresten, die unter der seltsamen Bezeichnung „der Tod" auf der Herdplatte gebacken und mit etwas Butter oder anderem Fett bestrichen wurden.

Kartoffelcreme mit Sellerie

Den Sellerie und die Kartoffeln schälen, waschen und in kleine Würfel schneiden. Die Petersilie waschen, trocken tupfen, die Blättchen abzupfen und fein zerkleinern.
Die Petersilienstiele grob schneiden. Mit Sellerie, Kartoffeln, 5 bis 6 EL Wasser und Salz in einem Topf aufkochen. Das Gemüse zugedeckt bei schwacher Hitze in etwa 20 Minuten sehr weich garen.
Inzwischen die Zwiebel schälen und fein zerkleinern. Das lauwarme Gemüse mit dem Kochsud pürieren. Die Zwiebel untermischen, die Creme mit Zitronensaft, Meerrettich und Öl abschmecken und zu Brot servieren.

Für 4 Portionen
150 g Knollensellerie
2 mehlige Kartoffeln
1/2 Bund Petersilie
Salz
1 Zwiebel
1 EL Zitronensaft
1–2 EL Meerrettich
1 TL Olivenöl

Salzbraten mit Apfelsalat

Für 6 Portionen
1 kg Salz
1 kg Schweinenacken (Kamm ohne Knochen)
1 kleine Zwiebel
1 Stück frischer Meerrettich
6 große säuerliche Äpfel
2 EL Kräuteressig
1 TL Zucker
1 EL Olivenöl

Den Backofen auf 180 °C O/U vorheizen. Das Salz als gleichmäßige Schicht in einen flachen Bräter geben. Fleisch ungewürzt auf das Salz legen. Im offenen Bräter in den heißen Backofen (unten) schieben und etwa 2 1/4 Stunden braten, bis es schön gebräunt ist. Dabei weder den Ofen öffnen, noch den Braten wenden.
Inzwischen für den Apfelsalat die Zwiebel schälen und fein zerkleinern. Den Meerrettich schälen, waschen und reiben. Äpfel vierteln, schälen, vom Kerngehäuse befreien und würfeln. Alles in einer Schüssel mit Essig, Zucker, 1 Prise Salz und Öl mischen. Den Braten in fingerdicke Scheiben schneiden und heiß oder kalt zum Salat servieren. Außerdem passt Kartoffelsalat dazu, den Sie mit fein geschnittenem Endiviensalat oder mit Feldsalat mischen können.

Als Variante das Fleisch vor dem Braten mit einer Mischung aus Senf und eingesalzenem Suppengrün bestreichen.

Schürzkuchen

Für 25–30 Stück
300 g Mehl
40 g Zucker
1 Prise Salz
abgeriebene Schale von 1/2 Bio-Orange
100 g Sahne
2 EL Rum
3 Eigelbe
100 g Butterschmalz zum Frittieren
Zucker zum Bestreuen

Das Mehl mit Zucker, Salz, Orangenschale, Sahne, Rum und Eigelben vermischen und mit den Händen zu einem Teig verkneten, der sich gut ausrollen lässt. 15 Minuten zugedeckt ruhen lassen.

Den Teig auf Mehl etwa 1/2 cm dick ausrollen und mit dem Teigrädchen in etwa 8 cm lange und 3 cm breite Rauten schneiden. Etwa in die Mitte jeder Raute einen Längsschnitt machen. Die unteren Teigecken der Rauten durch diesen Schnitt stecken.

Das Butterschmalz zum Frittieren erhitzen. Schürzkuchen darin portionsweise in etwa 3 Minuten goldbraun ausbacken. Mit einem Schaumlöffel herausnehmen und auf Küchenpapier abtropfen lassen. Heiß mit Zucker bestreuen und zum Servieren gerade eben abkühlen lassen.

In Franken nannte man es „schürzen", wenn Dienstboten sich eine andere Stelle suchten, in Baden war Lichtmess der „Bündelistag" – weil die Leute ihr Bündel schnürten, um woanders ihre Arbeit zu beginnen.

Fasten und Feiern

Der erste Osterhase ist vor etwa 400 Jahren aufgetaucht.

Das machen Landleute in des Wortes doppelter Bedeutung: Erstens wird gefastet, denn mit dem Gründonnerstag beginnen die drei heiligsten Tage des Jahres. Zweitens hilft die ganze Familie zusammen, das höchste Fest der Christen eindrucksvoll zu gestalten.

Der grüne Tag

Der Donnerstag vor Ostern ist seit vielen Jahrhunderten „grün", das heißt „sündenfrei". Am diesem Tag wurden die Sünder wieder in den Kreis der Gläubigen aufgenommen. In der Praxis sah das so aus: Jemand verbüßte eine Strafe wegen Meineides, Ungehorsams gegen die Eltern, Hurerei oder Gotteslästerung. Er musste einige Male während des Gottesdienstes vor der Kirchentür stehen oder in der Kirche auf einem separaten Stuhl sitzen und sich bei jeder Predigt sein Vergehen anhören. Am Gründonnerstag wurde ihm die Strafe erlassen. Traditionell isst man Grünes an diesem Tag: Kräuter und Gemüse oder „grün", also unreif geerntetes Getreide wie Grünkern. Die berühmten Frühlingsgerichte Kerbelsuppe und Grünkernfrikadellen waren früher typisch für Gründonnerstag.

Brunnen und Gärten

Wunderschön dekorierte Osterbrunnen, Tradition vor allem in der Fränkischen Schweiz, finden Sie heute in vielen Gemeinden. Früher, als der Brunnen noch Mittelpunkt des Dorfes, sein klares, reines Wasser lebenswichtig war, schmückte man ihn zum Dank mit Kronen von Tannengrün, zarten Birkenzweigen, bunten Eiergirlanden, farbenfrohen Bändern und „Löckchen" aus Holzspänen.

Das Fest der Auferstehung Christi ist immer auch das Fest der neu erwachten Natur. Und weil draußen noch nicht so viel los ist mit der

Natur, holt man sich das Frühlingsgärtchen ins Wohnzimmer: Linsen, Getreidekörner, Rettichsamen, Senfkörner und Sonnenblumenkerne werden gesät und bilden zu Ostern einen zartgrünen Rasen – für bunte Eier, dunkle Schokoladenosterhasen und zitronengelbe Zuckerküken.

Palmbuschen

Sie erinnern an den Sonntag vor der Passion, als die Einwohner von Jerusalem Jesus bei seinem Einzug mit Palmzweigen willkommen hießen. Das Binden der Palmbuschen ist eine Kunst: Abgeschälte Stämme junger Birken oder Fichten werden mit bunten Bändern umwickelt. Dekoration sind Kränze aus Frühlingsblumen, Rundbögen aus bunten Papiergirlanden und viele Schleifchen. Hinzu kommen das Kreuz als Symbol für die Dreifaltigkeit, Hammer, Nagel, Miniaturleiter und Lanze als Hinweis auf das Leiden Christi. Der geweihte Palmbusch an der Hauswand, im Stall oder unter dem Dach verheißt ein gutes Jahr.

Bäuerliche Eierfarben

Naturfarben für die Ostereier können Sie heute überall kaufen. Doch viel mehr Spaß macht dieser vorösterliche Brauch mit selbstgebrauten Pflanzenfarben: Sie wissen nie ganz genau, ob Sie das Ei nun im gewünschten satten Rot oder in kitschigem Bonbonrosa aus dem Farbbad holen. Für gelbe oder hellbraune Eier nehmen Sie Zwiebelschalen, Kümmelkörner, Gelbwurzpulver und Kamilleblüten. Braune Eier legen die Hühner entweder selbst oder sie kommen aus einem kräftigen Schwarztee-Absud. Rot werden Eier in Rote-Bete-Saft, kräftigem Sud aus Rotkohlblättern oder Malventee. Für blaue Eier brauchen Sie Holunderbeersaft, für violette den Saft von Heidelbeeren, Roter Bete oder Preiselbeeren. Grün färbt man Eier mit einem Absud aus Spinat, Petersilie, Brennnesseln oder Efeublättern.

Eier färben

Kochen Sie die Eier wie gewohnt hart; ins Kochwasser kommt ein Schuss Essig, damit sich die Fettschicht auf der Schale löst und die Farbe eindringen kann. Säfte zum Färben nehmen Sie pur: In einem Topf erhitzen und heiß halten. Nun sollen die Eier so lange darin ziehen, bis Ihnen die Farbe gefällt: 15 Minuten Farbbad geben zarte, 45 bis 60 Minuten kräftige Farben. Eier herausnehmen und nach dem Trocknen mit einer Speckschwarte oder einem Tropfen Öl einreiben, damit sie schön glänzen.

Frühstück im Landhaus

Das Kuchen-Lämmchen mit weißem Puderzucker ist das Bild für das strahlende Licht, das den auferstandenen Heiland umgab. Das rote Bändchen um seinen Hals symbolisiert das Blut, das Jesus aus Liebe zu den Menschen vergossen hat. Das Glöckchen erinnert daran, dass sich der Sohn Gottes dem Willen seines Vaters unterworfen hat. Und eine weiß-gelbe Fahne bedeutet Christi Sieg über Sünde und Tod.

Ostersamstag und Osternacht sind bis zur frühmorgendlichen Messe noch Fastenzeit. Vielleicht gehen Sie ja zuerst in die Kirche, wie es überall auf dem Land üblich ist, und bringen Ihr schön geschmücktes Osterkörbchen zur Weihe: Auf Moos gebettet ruht darin als Blickfang das Osterlämmchen aus Kuchenteig, darum gruppieren sich bunt gefärbte Eier, eine Scheibe vom Osterfladen, ein Töpfchen mit Salz, eine dicke Scheibe Brot und ein ordentliches Stück Schinken. Bauern schenkten früher das Brot den Pferden, die ihnen bei der Arbeit halfen, das Salz den Ziegen, die Milch für den Käse gaben. Ein paar Eier wurden fein zerkleinert an die Hühner verfüttert, um sie weiter zum Eierlegen zu ermuntern.

Süße Ostern

Zum schönsten Fest des Frühlings gehört der Osterfladen – heute meist nur aus Hefeteig mit Mandeln und Rosinen. Alte Rezepte sind üppiger: Für fränkischen Osterfladen gibt man eine süße Creme aus Quark, Sahne, Eiern, Zitrone, Zimt oder Vanille in die Mitte des ausgerollten Hefeteigs. Nun schlägt man die breiten Seiten des Teiges so nach innen, dass sie sich in der Mitte berühren und die Füllung gerade eben bedecken. Der sächsische Osterkranz mit einer eingerollten Füllung aus gehackten Mandeln, Zucker, Korinthen, Sahne und Rum wird mit Puderzuckerguss und bunten Zuckereiern verziert. Auf dem Land gab es zu Ostern auch kleine Lebkuchen: Die viereckigen „Schifferl" waren das Ostergeschenk des „Herrn Göd" und der „Frau Godel" an ihre Patenkinder. Das „Leben" im Kuchen bezog sich auf das „ewige Leben", das Seelenheil. Jedes Kind verstand genau den Wink, wenn Patenonkel oder -tante ihm den Lebkuchen überreichte: „Hübsch artig sein", hieß das.

Reich gedeckter Tisch

Laden Sie zum späten Frühstück mit den geweihten Speisen, ergänzt durch ein paar Leckerbissen, die Sie vorbereitet haben: Spargelquiche, selbst gemachten Joghurt und Obstsalat, Kressebutter und Eiercreme zum frischen Brot. Milchkringel mit Mohn zu Marmelade aus Ihrem Vorratsschrank. Dicke Plinsen sind der Nachtisch und zuletzt schneiden Sie die Torte an.

Buchweizentorte mit Preiselbeeren

Für 16 Stücke
6 Eier
1 TL Zitronensaft
150 g Zucker
100 g Buchweizenmehl
100 g Mehl
1 TL Backpulver
400 g Sahne
250 g Preiselbeer- oder Sauerkirschmarmelade

Den Backofen auf 180 °C O/U vorheizen. Die Eier trennen. Eiweiß mit Zitronensaft und der halben Menge Zucker steif schlagen. Nacheinander die Eigelbe unterrühren. Buchweizen, Mehl und Backpulver gemischt auf den Teig sieben. Alles mit einem Schneebesen mischen. Teig in einer Springform (Ø 26 cm) mit Backpapier glatt streichen und im heißen Backofen (Mitte) etwa 50 Minuten backen. Auf einem Kuchengitter abkühlen lassen. Sahne mit dem restlichen Zucker steif schlagen. Tortenboden halbieren, mit 2/3 der Preiselbeeren- oder Sauerkirschmarmelade und 1/3 der Sahne füllen. Mit Sahne bestreichen, mit Sahnetupfen und Klecksen der restlichen Marmelade garnieren.

Kressebutter

Für 6 Portionen
250 g weiche Butter
4 EL saure Sahne
1 Stück Senfgurke
2 Kästchen Gartenkresse

Die Butter mit der sauren Sahne verrühren. Die Senfgurke in kleine Würfel schneiden, die Kresse mit einer Küchenschere abschneiden. Beide Zutaten mit einer Gabel locker unter die Butter mischen.

Eiercreme mit Schnittlauch

Für 6 Portionen
6 hart gekochte Eier
100 g Schmand
2 EL Magerjoghurt
1 Bund Schnittlauch
einige Spritzer Zitronensaft
Salz, Pfeffer

Die Eier schälen und halbieren. Die Eigelbe herauslösen und in eine Schüssel geben. Mit einer Gabel zerdrücken, mit dem Schmand und dem Joghurt glatt rühren.
Das Eiweiß fein hacken. Den Schnittlauch waschen, trocken tupfen und in feine Röllchen schneiden. Die Eiercreme mit Eiweiß und Schnittlauch vermischen, mit Zitronensaft, Salz und Pfeffer kräftig würzen.

Lange feiern bei Kerzenschein mit selbst geräuchertem Käse und dicken Grillkartoffeln

Die kürzeste Nacht des Jahres feiern

„Wettert der Juni mit ganzem Zorn, bringt er dafür auch reichlich Korn."

Mittsommer-Fest im Garten

Wenn die Hexen wieder mal den Besen aus der Kammer holen und am Vorabend des Johannistages die Kräuter fürs Zaubern sammeln, gehen Landleute in die Küche und machen lauter gute Sachen für ihr Mittsommer-Fest am nächsten Abend: selbst gebackenes Brot und Bauern-Terrine, Kirschkuchen und Erdbeertorte. Rechtzeitig vor dem gemeinsamen Essen wird dann der Grill angeheizt, zum Käse räuchern und Kartoffeln backen.

Räucherspaß im Garten

Sie brauchen einen Holzkohlengrill aus Gusseisen oder einen speziellen Räucherofen aus dem Fachhandel. Außerdem Heu, Brennnesseln und Kräuter – alles frisch und leicht feucht, aber nicht nass; so entwickelt sich genügend Rauch, ohne dass dicker Qualm den Käse verdirbt und die Nachbarn vergrätzt. Den Grillkorb mit Holzkohle füllen, wie gewohnt entzünden und durchglühen lassen. Nun Heu, zerkleinerte Blätter und Zweige auf der Glut verteilen und warten, bis alles glimmt. Wenn der selbst gemachte Käse trocken und so fest ist, dass er die Form behält, legt man ihn auf den Rost. Weichen Käse hält man in einem Sieb über die Glut. In 10 bis 15 Minuten auf der unteren Seite goldbraun räuchern. Festen Käse nun wenden und noch mal räuchern. Käse aus dem Sieb mit der geräucherten Seite nach oben auf eine Platte stürzen. Mit Schnittlauchröllchen bestreuen, mit Brot und Butter servieren.

Kartoffeln backen

Mittelgroße Kartoffeln waschen und dabei gründlich bürsten. Abtrocknen, mit einem Spieß mehrmals einstechen und in einer

Schüssel mit Meersalz und Olivenöl mischen. Jede Kartoffel in ein Stück Alufolie packen und in der heißen Holzkohlenglut etwa 40 Minuten backen, bis sie weich und außen knusprig sind.

Bunter Salat

Nehmen Sie Blattsalate, Tomaten, Radieschen, Möhren und Kohlrabi – alles, was gerade frisch ist. Je 100 g Salatmayonnaise und Dickmilch, 1 gehacktes Ei, 1 Handvoll zerkleinerte Kräuter, Salz und Pfeffer verrühren.

Limonade gegen Durst am Feuer

150 g Puderzucker mit 1/4 l Wasser aufkochen und 2 Minuten köcheln. Abgekühlt mit dem Saft von 4 Zitronen, 2 Orangen und 2 Flaschen Mineralwasser mischen. In einem schönen Krug mit Eiswürfeln servieren.

Käse selber machen

Sie brauchen 3 l frische Vollmilch (am besten nicht pasteurisierte Milch aus dem Bioladen oder vom Bauern), 1/2 l Buttermilch und 1 Tablette Käselab, die Sie ebenfalls in Reformhaus, Bioladen oder Apotheke bekommen. Die Tablette im Mörser fein zerstoßen, mit Vollmilch und Buttermilch in einem hochwandigen Gefäß aus Glas, Porzellan, Steingut oder Keramik mischen. Mit einem Küchentuch bedeckt etwas 24 Stunden in einem warmen Raum stehen lassen, bis Dickmilch entstanden ist. In einem Topf Wasser auf 40 °C erhitzen. Das Gefäß mit der Dickmilch in das Wasser stellen und so lange darin warm halten, bis sich klare Flüssigkeit absetzt und die festen Milchbestandteile eine schnittfeste Masse bilden. Ein großes Sieb mit einem Mulltuch auslegen und über eine tiefe Schüssel legen. Einige frische Lorbeerblätter in das Tuch legen. Molke einschließlich Flüssigkeit salzen und langsam in das Sieb gießen. Das Tuch zusammenbinden und etwa 12 Stunden über einer Schüssel aufhängen, sodass der Käse abtropft und fest wird.

Schnelle Alternativen

Wem Selbermachen zuviel Arbeit ist, nimmt 3 kg fertigen Schichtkäse. Den Lorbeerzweig in ein Metallsieb legen. Den Schichtkäse darauf stürzen. Salz und Pfeffer im Mörser zerreiben, den Käse damit bestreuen und 3 Stunden in einem kühlen Raum abtropfen lassen. Zum Räuchern eignet sich auch Ricotta, Mozzarella oder Feta. Oder der Grillkäse Halloumi, den man im Sommer im Supermarkt bekommt, ein schnittfester Käse, den man grillen oder panieren und braten kann, ohne dass er gleich „wegläuft".

Kirschkuchen

Ob süße oder saure Kirschen spielt keine Rolle – der Kuchen schmeckt mit beiden. Sauerkirschen sind allerdings meist etwas saftiger, sodass Sie noch 2 EL Semmelbrösel unter den Teig mischen können.

Für 24 Stücke

1 kg Kirschen
350 g weiche Butter
150 g Zucker
50 g Marzipan-Rohmasse
1 EL abgeriebene Bio-Zitronenschale
5 Eier (M)
500 g Mehl
1 Päckchen Backpulver
Puderzucker zum Bestreuen

Die Kirschen waschen, abzupfen und entsteinen. Den Backofen auf 180 °C O/U vorheizen. Ein Backblech mit Backpapier auslegen.
Butter mit Zucker und Marzipan schaumig rühren. Zitronenschale untermischen. Die Eier nacheinander unterrühren. Das Mehl mit dem Backpulver mischen und unterrühren. Den Teig auf dem Blech glatt streichen und mit den Kirschen belegen.
Den Kuchen im heißen Backofen (Mitte) etwa 45 Minuten backen. Herausnehmen, auf dem Blech 30 Minuten ruhen lassen. Dann in Stücke schneiden und auf einem Kuchengitter ganz abkühlen lassen. Zum Servieren mit Puderzucker bestreuen.

Der typische Sommerkuchen mit versunkenem Obst, der auch mit anderen reifen Früchten schmeckt: große Pfirsich- oder Nektarinenstücke, Stachelbeeren, Heidelbeeren und Zwetschgen. Und weil man Landhausfeste auch im Winter feiert, nehmen Sie dann Äpfel, Birnen oder eingewecktes und gut abgetropftes Obst.

Von Zwetschgendatschi, Kirchweih-Küchel und Martinsgans

Herbstfeste auf dem Land

In katholischen Kirchen schmücken die Frauen Erntedank-Altäre: Sie arrangieren Gemüse und Obst mit Blumen und Bändern zu bunten Bildern, flechten Getreideähren zu Kränzen und Kronen. Noch vor wenigen Jahrzehnten hat der Vorarbeiter eines großen Guts nach Abschluss der Feldarbeit diese Erntekrone feierlich dem Hofbesitzer überreicht.

Das Ende des Sommers

Am Michaelstag, dem 29. September, läuten die Glocken in vielen Dörfern eine Stunde früher. Nun kommt für die Bauern die Wende von der Sommer- zur Winterarbeit: Kartoffeln, Rüben und Kraut müssen noch geerntet werden, die Felder für den Winter vorbereitet. Die Frauen kümmern sich um den Gemüsegarten, holen die Zwiebeln aus der Erde, um sie für den Vorrat zu trocknen. Sie nehmen Winteräpfel, Birnen und Quitten ab, kochen Kompott, Mus, Saft und Marmelade. Oft wird ein Schwein geschlachtet, manchmal auch noch gewurstet. Viele Bauern räuchern zu Weihnachten und Ostern den Schinken selber.

Doch vorher, wenn Ende August das Getreide eingefahren ist, feiert man ausgiebig: Zuerst kommt Erntedank, dann Kirchweih und schließlich Martini. An diesem Tag wurden früher die Sommerarbeitskräfte entlohnt: Frauen, die der Bäuerin beim Einkochen, beim Rüben- und Krautschneiden geholfen hatten, Männer, die bei Getreide-, Kartoffel- und Weinernte auf den Feldern geschuftet hatten, Hirten und Sennerinnen, die mit dem Vieh von den Almen zurückgekehrt waren.

Wer arbeitet, muss auch essen

Beim gemeinsamen Abschiedsessen durften die Leute ordentlich schlemmen. Außer Gans- oder Entenbraten mit Knödel kamen gerollter Schweinbraten, Brathähnchen, gebackener Fisch, Salat und Leberknödelsuppe auf den Tisch. Heute sind wir bescheidener: Gänsebraten mit Klößen und Blaukraut oder Gänsekeulen mit Rübenkraut gibt es zu Mittag, Schmalzküchel und Zwetschgendatschi nachmittags zum Kaffee.

Martinsgebäck

Am 11. November backen die Frauen Martinshörnchen: Mal wird fester Rührteig einfach zu Hörnchen geformt, mal knetet man Mürbeteig, füllt Teigstücke mit Pflaumenmus, rollt sie auf und biegt sie zu Hörnchen. Die ganz feinen Erfurter Hörnchen bestehen aus duftigem Blätterteig mit Marzipanfüllung.

Erntedank feiern

Wie oft man es auch erlebt, als Wunder empfindet man es jedes Mal: Ab Ende August überschüttet uns die Natur mit ihren Gaben, die wir dann schubkarrenweise einbringen und verwerten. Bald stehen im Keller Gläser mit Marmelade, Chutney, eingekochten Tomaten und süßsauren Gurken. Der gute alte Rumtopf ist fertig und der Apfelmost in Flaschen. Der Senf ist gerührt und die Leberwurst mit dem Haltbarkeitsdeckelchen aus Schweineschmalz versehen. Die Kürbisse liegen auf der Fensterbank, Quitten und Äpfel duften im Stall, die Birnen sind entweder im Glas oder werden getrocknet für Kletzenbrot. Wenn Sie dann mit allem fertig sind, können Sie erst mal die Beine hochlegen. Und beim Verschnaufen gleich das Erntedank-Landhausfest mit Familie und Freunden planen: Vorweg gibt's Griebenschmalz zu Ihrem Bauernbrot und Suppe aus Ihren eigenen Kartoffeln, dann Schweinebraten mit den letzten, dicken Knoblauchknollen aus dem Garten. Zum Abschluss haben Sie schon eine Quittentorte vorbereitet. Oder Sie braten rasch ein paar vanillewürzige Äpfel in Butterschmalz und servieren sie heiß mit Schlagsahne.

Schweinerollbraten mit Knoblauch

Für 8 Portionen
2 kg Schweinenacken
Salz, schwarzer Pfeffer
2 EL Kräuteressig
2 Knoblauchknollen
1 Zwiebel
1/8 l Wasser
1 Bund Suppengrün
3/8 l dunkles Bier

Das Fleisch vom Metzger zu einer großen Scheibe schneiden lassen. Für die Zubereitung den Backofen auf 200 °C O/U vorheizen. Das Fleisch auf beiden Seiten mit Salz und Pfeffer würzen, mit dem Essig bestreichen und mit 1 geschälten, zerkleinerten Knoblauchknolle belegen. Aufrollen, mit Küchengarn zum Rollbraten binden und in einem Bräter mit heißem Öl rundherum kräftig anbraten, bis das Fleisch eine Kruste hat.
Die zweite, halbierte Knoblauchknolle und die halbierte Zwiebel mit den Schnittflächen nach unten mit dem Fleisch anbraten. Das Wasser zugießen und den Bratfond damit lösen. Den Braten zugedeckt im heißen Backofen (unten) etwa 45 Minuten garen, bis das Wasser verdampft ist.
Das gewaschene Suppengrün grob zerkleinern und neben das Fleisch geben. Etwa ein Drittel des Bieres zugießen. Die Temperatur auf 150 °C O/U zurückschalten. Das Fleisch in weiteren 2 bis 2 1/2 Stunden weich braten. Dabei zweimal wenden, nach und nach das restliche Bier zugießen und den Braten immer wieder mit dem Bratfond beschöpfen. Mit Klößen und Gartengemüse servieren.

Griebenschmalz

Für 10 Portionen
1 kg fetter roher Schweinebauch
3 mittelgroße Zwiebeln
1 säuerlicher Apfel
1 EL Salz
1 EL Paprikapulver

Das Fleisch mit der Schwarte in kleine Würfel schneiden und in einer großen Pfanne bei mittlerer bis schwacher Hitze in etwa 15 Minuten glasig braten.
Inzwischen die geschälten Zwiebeln und den geschälten, entkernten Apfel fein zerkleinern. Beide Zutaten mit Salz und Paprika unter das ausgebratene Fleisch mischen und weitere 15 Minuten braten, bis die Grieben knusprig sind. Schmalz in saubere, heiß ausgespülte Gläser füllen, verschließen und abkühlen lassen.

Kartoffelsuppe

Für 8 Portionen
4 mehlige Kartoffeln
1 Zwiebel
3 EL Olivenöl
Pfeffer, 1 l Brühe
2 EL Frischkäse
1 Stück Peccorino

Die Kartoffeln schälen, waschen und würfeln. Die Zwiebel schälen, fein zerkleinern und im heißen Öl glasig braten. Kartoffeln zugeben und kurz mit braten. Kräftig mit Pfeffer würzen, die Brühe zugeben und aufkochen. Zugedeckt bei mittlerer bis schwacher Hitze 15 Minuten garen. Den Frischkäse zu den gegarten Kartoffeln geben. Kartoffeln in der Brühe pürieren oder fein zerdrücken. In gut vorgewärmten Suppentellern anrichten. Den Käse mit einer Rohkostraspel über die Suppe reiben.

Quittentorte

Für 12 Stücke
4 reife Quitten
1/2 l Apfelsaft
2 EL Zitronensaft
100 g Zucker
1 EL Speisestärke
200 g Sahne
200 g Mehl
abgeriebene Schale von 1/2 Bio-Zitrone
75 g Butter
7–8 EL kaltes Wasser
1 Ei
4–5 EL Zimtzucker

Die Quitten vierteln, schälen, entkernen und in Spalten teilen. Apfelsaft, Zitronensaft und die halbe Menge Zucker in einem weiten Topf aufkochen. Die Quitten darin in etwa 3 Minuten halb weich garen. Mit einem Schaumlöffel auf einen Teller legen und abkühlen lassen.
Den Quittensud bei starker Hitze unter häufigem Rühren dick wie Sirup einkochen. Von der Kochstelle nehmen. Speisestärke mit Sahne glatt rühren und untermischen.
Den Backofen auf 200 °C O/U vorheizen. Für den Teig Mehl, restlichen Zucker, Zitronenschale, Butter und Wasser zu einem glatten Teig verkneten. Den Boden einer Wähenform (Ø 30 cm) mit Backpapier auslegen. Die Form mit dem Teig auskleiden und dabei einen etwa fingerbreiten Rand formen. Die Quitten auf dem Teigboden verteilen. Sud mit dem Ei vermischen und darübergießen.
Die Torte im heißen Backofen (unten) etwa 45 Minuten backen. Herausnehmen, heiß mit Zimtzucker bestreuen und abkühlen lassen.

Gebratene Vanille-Äpfel

Für 4 Portionen
4 mittelgroße Äpfel
1 EL Zucker
2 TL Vanillezucker
1 TL abgeriebene Bio-Zitronenschale
70 g Butterschmalz
Puderzucker zum Bestreuen

Die Äpfel waschen, trocken reiben und halbieren. Das Kerngehäuse mit einem kleinen Messer herausstechen. Zucker, Vanillezucker und Zitronenschale in einem Schälchen mischen.
Das Butterschmalz in einer großen Pfanne erhitzen. Die Äpfel mit den Schnittflächen nach unten nebeneinander ins Schmalz legen und bei starker Hitze etwa 2 Minuten braten.
Wenden, mit der Zuckermischung aus dem Schälchen bestreuen und zugedeckt bei mittlerer Hitze noch 5 bis 8 Minuten braten. Dabei immer wieder mit dem Schmalz in der Pfanne beschöpfen.
Heiß auf vorgewärmten Tellern anrichten, das Schmalz darüber verteilen und eventuell noch mit Puderzucker bestreuen. Dazu passt Schlagsahne oder Nusseiscreme.

In Butterschmalz gebraten schmecken Äpfel besonders gut. Alternativ können Sie auch Erdnuss- oder Sonnenblumenöl nehmen.

Ganz ohne Hektik: gute alte Rezepte ausprobieren, Weihnachten vorbereiten und nette Menschen treffen.

Schöne Tage im Advent

Der erste Adventskalender stammt von einem Maler des 15. Jahrhunderts und zeigt Maria mit dem kleinen Jesus in einem dürren Baum, dessen Zweige 24 goldene Buchstaben „A" für „Ave Maria" tragen.

So genießen Sie den Dezember auf dem Land: Ein Winterspaziergang mit Menschen, die genau wie Sie die stillen Sonntage im Advent so lieben. Vielleicht fallen schon die ersten Schneeflocken, dick wie Wattebäuschchen. Weihnachten ist nah, und plötzlich spüren Sie diese wunderbare Vorfreude – wie damals als Kind. Zu Hause ist es heimelig warm, und natürlich haben Sie für den gemütlichen Nachmittag ein paar Leckerbissen vorbereitet. Bald dampft der Punsch auf dem Herd, die Bratäpfel wandern in den Ofen und die ersten Plätzchen stehen zum Probieren bereit. Schließlich hat am 25. November die Backsaison begonnen – traditionell zu Kathrein, dem Namenstag der heiligen Katharina von Alexandria. Ihr gewidmet sind Thorner Katharinchen aus Honigkuchenteig, die Sie am besten zu allererst backen, weil sie noch ein paar Wochen ruhen müssen. Auch das Kletzenbrot ist jetzt schon dran, denn es muss mindestens zwei Wochen in Alufolie gewickelt ruhen, damit sich sein voller, aromatischer Geschmack entfalten kann.

Schokoladenplätzchen

Für 40 Stück

100 g Schokolade
100 g Walnusskerne
200 g Mehl
1 TL Backpulver
100 g Butter
50 g Zucker, 1 Ei
200 g Kuchenglasur

Den Backofen auf 180 °C O/U vorheizen. Die Schokolade und Nüsse fein hacken und mit Mehl und Backpulver mischen. Butter und Zucker schaumig rühren. Das Ei unterrühren, die Schokoladenmischung mit einem Kochlöffel untermischen. Mit einem Teelöffel kleine Teighäufchen auf Backbleche mit Backpapier setzen. Dazwischen etwas Abstand lassen, denn die Plätzchen fließen beim Backen auseinander. Im heißen Backofen (Mitte) 10 bis 12 Minuten backen und auf einem Kuchengitter abkühlen lassen. Die Glasur nach Packungsaufschrift schmelzen und die kalten Plätzchen mit je einem Klecks Glasur verzieren.

Frankfurter Bethmännchen

Für 30 Stück

50 Mandeln
250 g Marzipanrohmasse
2 kleine Eiweiß
1 EL Mehl
75 g Puderzucker
1 TL Rosenwasser

Den Backofen auf 140 °C O/U vorheizen. Die Mandeln mit heißem Wasser überbrühen, abziehen und halbieren. Die Marzipanrohmasse, 1 Eiweiß, Mehl und Puderzucker mit den Händen verkneten. Aus der Masse 30 kirschgroße Kugeln formen. Jeweils drei halbe Mandeln an jede Kugel setzen und andrücken. Kugeln auf ein mit Backpapier belegtes Blech setzen. Das zweite Eiweiß mit dem Rosenwasser verrühren und die Bethmännchen damit bestreichen. Im heißen Ofen (Mitte) etwa 40 Minuten goldbraun backen.

Thorner Katharinchen

250 g Honig
150 g Zucker
30 g Butter
1 TL Lebkuchengewürz
je 1 Bio-Zitrone und Orange
2 Eier
etwa 600 g Mehl
1 TL Natron
1 große Messerspitze Pottasche
1 EL Rum
Fett für das Blech
3 EL Sahne
etwa 50 g abgezogene Mandeln

Honig, 100 g Zucker und Butter bei schwacher Hitze unter Rühren erwärmen, bis der Zucker geschmolzen ist. Lauwarm abkühlen lassen. Lebkuchengewürz und die abgeriebene Schale von Zitrone und Orange unterrühren. Die Eier und den restlichen Zucker dick schaumig schlagen. Die halbe Menge Mehl in eine Schüssel sieben. Zuerst die Honigmischung, dann die Eiercreme unterrühren. Das restliche Mehl mit dem Natron mischen und darüber sieben. Die Pottasche im Rum auflösen und zugeben. Alles mit den Händen zu einem Teig verkneten. Falls der Teig sehr klebrig ist, noch esslöffelweise Mehl unterkneten. Den Teig in der Schüssel zu einem Kloß formen, mit einem feuchten Küchentuch abdecken und bei Zimmertemperatur 3 Tage ruhen lassen. Den Backofen auf 160 °C O/U vorheizen. Den Teig auf einem mit Backpapier belegten Backblech ausrollen. Die ungebackene Teigplatte in Stücke von 8 mal 4 cm schneiden. Die Stücke mit Sahne bestreichen, mit den Mandeln belegen und diese leicht eindrücken. Die Teigplatte im heißen Backofen (Mitte) etwa 50 Minuten backen. Herausnehmen, auf die Arbeitsfläche stürzen, etwas abkühlen lassen und das Papier abziehen. Die Lebkuchen auf einem Kuchengitter abkühlen lassen. Traditionell werden diese Lebkuchen als Mädchenfigur aus der Teigplatte geschnitten und nach dem Backen mit einer Schürze aus Zuckerguss verziert.

Kletzenbrot

Für 25 Stücke
1 kg gemischtes Trockenobst (Birnen, Pflaumen, Feigen, Äpfel, Aprikosen)
2 l Wasser
100 g frische Datteln
250 g Haselnusskerne
250 g gewürfeltes Zitronat und Orangeat gemischt
50 g Rosinen
1/8 l Kirschwasser
1 EL Zimtpulver
2 TL Piment
2 TL Anissamen
500 g Roggenvollkornmehl
500 g Weizenvollkornmehl
1 Würfel Hefe (42 g)
250 g Zucker
150 g flüssiger Sauerteig
2 TL Vanillezucker
1 TL Salz
25 g abgezogene, ganze Mandelkerne
Mehl für die Arbeitsfläche
Fett und Mehl für das Blech
Milch zum Bestreichen

Das unzerkleinerte Trockenobst im Wasser über Nacht zugedeckt einweichen. Mit dem Einweichwasser aufkochen und zugedeckt bei schwacher Hitze 20 Minuten kochen lassen. Auf ein Sieb abgießen und abtropfen lassen. Die Kochbrühe für den Brotteig auffangen und gegebenenfalls mit frischem Wasser zu 1/2 l ergänzen. Das gekochte Obst grob zerkleinern. Entkernte Datteln in Streifen schneiden, die Nüsse hacken. Beide Zutaten mit dem Obst, Zitronat, Orangeat, Rosinen, Kirschwasser, Zimt, Piment und Anis mischen und zugedeckt eine weitere Nacht ziehen lassen.

Kletzen oder Klötzn sind getrocknete Birnen und die Hauptzutat im bäuerlichen Früchtebrot.

Beide Mehlsorten in einer Schüssel mischen und eine Mulde in das Mehl drücken. Aus zerbröckelter Hefe, 1 EL Zucker, 1/8 l lauwarmer Obst-Kochbrühe und etwas Mehl einen Vorteig rühren und 15 Minuten gehen lassen. Den Vorteig mit dem gesamten Mehl vermischen. Den Rest der Kochbrühe, Sauerteig, Vanillezucker und Salz mit einem Kochlöffel untermischen. Den Teig etwa 10 Minuten mit den Knethaken des Handrührgerätes durcharbeiten, bis er Blasen wirft und sich vom Schüsselrand löst. Zugedeckt in einem kühlen Raum über Nacht gehen lassen.

Den Teig auf der Arbeitfläche etwa 10 Minuten kräftig durchkneten. Restlichen Zucker mit dem Obst mischen. 2/3 des Teiges in kleine Stückchen teilen und nach und nach mit dem Obst verkneten, bis eine gebundene Masse entstanden ist. Den restlichen Teig auf Mehl dünn ausrollen. Obstmasse auf diese Teigplatte geben, zu einem Wecken formen und mit dem Teig umhüllen. Das Kletzenbrot auf ein gefettetes, mit Mehl bestreutes Backblech legen. Weitere 30 Minuten gehen lassen. Die Mandeln in das Kletzenbrot drücken, Brot mit Milch bestreichen. Blech in den kalten Backofen (unten) schieben. Ofen auf 180 °C O/U schalten. Kletzenbrot etwa 1 1/2 Stunden backen und dabei mehrmals mit Kochbrühe bestreichen.

Orangen-Rotweinpunsch

Die Orangen heiß abspülen und abtrocknen. Die Würfelzuckerstücke an den Orangen abreiben und in einen großen Topf geben. Die Orangenschale nun mit der feinen Rohkostreibe ganz in den Topf abreiben. Den Saft aller Orangen auspressen und zugeben. Rotwein und frisch gekochten Tee zugießen und alles erhitzen, aber nicht aufkochen. Mit Honig und Zimt würzen und heiß servieren.

4 Bio-Orangen
10 Stück Würfelzucker
4 Saftorangen
700 ml trockener Rotwein
1 l schwarzer Tee
1 EL Honig
1/4 TL Zimtpulver

1–2 EL Honig
1/8 l Apfelsaft
Saft von 1 Orange
4 Äpfel
2 EL Brombeergelee
4 Marzipankartoffeln
2 EL Butter

Bratäpfel mit Marzipan

Den Backofen auf 250 °C O/U vorheizen. Den Honig mit Apfel- und Orangensaft vermischen und in eine flache Gratinform gießen. Die Äpfel waschen und abtrocknen. Das Kerngehäuse ausstechen. Äpfel dicht nebeneinander in die Form setzen. Brombeergelee und Marzipankartoffeln in die Äpfel füllen. Die Äpfel mit der Butter in Flöckchen belegen, in den heißen Ofen (Mitte) schieben und etwa 30 Minuten backen.

An den Festtagen bleiben wir kulinarisch beim Gewohnten: Die meisten Gerichte sind Familientradition.

Essen an Weihnachten

Die Heilige Nacht ist die wunderbarste Nacht des Jahres: Die Glocken versunkener Kirchen läuten, Wasser wird zu Wein, Tiere können sprechen. Geht der Bauer nachts heimlich in den Stall, so hört er, was man dort von ihm hält.

Wie zu allen hohen Festen gibt es typische Gerichte für Heilig Abend und den ersten Feiertag. Die Geschichten dazu hängen teilweise mit bestimmten Bräuchen zusammen, teilweise sind sie einfach Familientradition. Wichtig für Katholiken ist die Einhaltung der Fastenzeit, die bis nach der Christmette andauert. Dann gibt es die erste richtige Mahlzeit, traditionell ist das auf dem Land die Mettensuppe.

Immer und überall ist es Brauch, zu Weihnachten nach Herzenslust zu schlemmen – der Tisch ist in den meisten Familien viel üppiger gedeckt als sonst. Früher musste man geradezu ordentlich zulangen, damit man das ganze Jahr über nicht Hunger litt – gleichsam kulinarischer Abwehrzauber gegen die Missgunst der bösen Geister. Schweinefleisch, Brot und Kuchen, Hülsenfrüchte, Fisch und Mohn spielten eine große Rolle auf dem weihnachtlichen Speisezettel: Mohn mit seinen unzähligen Körnern bedeutet reichlich Geld und Essen, Schweine galten als Glückssymbole, Bohnen als Mittel gegen böse Geister, Brot ist Nahrung für Geist und Seele. Fisch stand ebenfalls für Geld: So viele Schuppen der Weihnachtskarpfen hat, so viele Goldstücke kommen das nächste Jahr in den Geldbeutel. Süßer Kuchen schließlich zeigte den Wohlstand der Gastgeber an, und um nicht erneut den Neid der Hausgeister zu wecken, opferte man ein Stückchen davon und gab es den Tieren – unsere vierbeinigen Hausgenossen wissen diesen Brauch sehr zu schätzen!

Quittenkonfekt

Für etwa
100 Stückchen
5 reife Quitten
feiner Zucker
Saft von 1 Zitrone

Die Quitten mit einem feuchten Tuch abreiben und in einen hohen Edelstahltopf geben. Soviel Wasser zugießen, dass sie ganz bedeckt sind. Früchte aufkochen und zugedeckt in etwa 1 Stunde weich kochen.

Eine Frucht nach der anderen aus dem Sud nehmen und wie eine Pellkartoffel schälen. Dann durch ein Sieb streichen und wiegen: Mit derselben Menge feinem Zucker und dem Zitronensaft aufkochen und bei schwacher Hitze unter ständigem Rühren ganz dick einkochen.

Das heiße Mus auf einem Backblech mit Backpapier etwa fingerhoch glatt streichen. Mit einem Küchentuch bedeckt in einem warmen Raum etwa 4 Tage trocknen lassen. Mit grobem Zucker bestreuen und in Würfel schneiden. Vom Papier lösen und schichtweise – mit Butterbrotpapier dazwischen – in eine Blechdose legen.

Karpfen zu Weihnachten

Für 4 Portionen
2 mittelgroße Kartoffeln
1 Tomate
1 Zwiebel
2 Knoblauchzehen
5 EL Öl
1/8 l trockener Weißwein
1 EL provenzalische Kräutermischung
Salz, Pfeffer
1 küchenfertiger Karpfen (ca. 1,5 kg)

Den Backofen auf 220 °C O/U vorheizen. Die Kartoffeln schälen und in Scheiben schneiden. Tomate, Zwiebel und eine Knoblauchzehe abziehen und getrennt würfeln. Die zweite Knoblauchzehe abziehen und in Scheiben schneiden.

3 EL Öl in einer Pfanne erhitzen. Kartoffeln, Zwiebel und Knoblauchwürfel darin bei mittlerer Hitze unter Wenden anbraten. Tomatenwürfel zugeben und 5 Minuten unter Rühren schmoren. Den Wein zugießen und bei starker Hitze unter Rühren etwas einkochen. Gemüse mit Kräutern, Salz und Pfeffer würzen und in eine ofenfeste Form geben.

Den Karpfen kalt abspülen, trocken tupfen und auf die Arbeitsfläche legen. Mit einem scharfen Messer einige Male quer einschneiden und mit Salz und Pfeffer würzen. Die Knoblauchscheiben in die Einschnitte stecken. Den Karpfen auf das Gemüse legen, mit dem restlichen Öl beträufeln, in den heißen Backofen (Mitte) schieben und 30 bis 40 Minuten garen. Mit der Petersilie bestreut servieren.

Karpfen auf die Landhausart: mit kräftigen Trockenkräutern gewürzt und im Backofen gegart. Er schmeckt heiß mit Butterkartoffeln oder kalt mit hellem Landbrot.

Schätze der Selbstversorger: Die Vorratsküche

Wenn der Sommer geht, fängt die Arbeit an.

Die Ernte ist eingebracht

Trocknen und Darren

Egal ob wir Menschen sesshaft sind oder als Nomaden leben – unser Essen müssen wir irgendwie haltbar machen. Die älteste Methode dafür ist Trocknen: So hat man gemahlenes Getreide mit Wasser vermischt und als Fladen in der Sonne getrocknet. Obst und Kräuter wurden zum Trocknen ausgebreitet oder an Schnüren aufgehängt – für nahrhaftes Früchtebrot als einzige Süßigkeit im Winter und Kräutertee gegen alle möglichen Zipperlein. Und heute ist Bündner Fleisch aus dem Schweizer Kanton Graubünden eine Spezialität für die feine Küche, während dieses gesalzene und gewürzte Trockenfleisch früher einfach zum normalen Wintervorrat auf dem Land gehörte.

Trocknen ist zeitsparend und preiswert – sofern genügend billige Energie zur Verfügung steht und keine plötzlichen Regengüsse drohen. Das heißt, wenn die Sonne auch nach der Ernte im Spätsommer noch einige Wochen lang jeden Tag heiß und kräftig scheint. In unseren Breiten tut sie das nicht, und deshalb spielte Trocknen als Konservierungsmethode nie die große Rolle wie im Süden.

In unserer ländlichen Küche sind es vor allem Äpfel, Birnen, Zwetschgen, Pilze und Kräuter, die getrocknet in die Vorratskammer wandern. Nehmen Sie grundsätzlich nur reifes Obst, denn nur ein möglichst hoher Zuckergehalt ist wertvoll für die Ernährung und wichtig für die Haltbarkeit.

Obst zum Trocknen vorbereiten

Wie beim Einkochen brauchen Sie makellose Früchte, ohne Maden, Druck- und Faulstellen. Das Obst wie gewohnt waschen und sehr gut abtrocknen. Zwetschgen werden am besten entsteint, denn aus Dörrpflaumen den Stein

zu entfernen, macht zuviel Mühe. Überdies trocknen halbierte Früchte rascher, weil die Oberfläche größer ist und deshalb der Saft schneller verdunstet. Bei Äpfeln entfernen Sie das Kerngehäuse mit einem Ausstecher – wie bei Bratäpfeln zum Füllen. Die Früchte dann in etwa fingerdicke Scheiben schneiden.
Birnen werden ebenfalls halbiert, denn Sorten mit kleinen Früchten eignen sich ausgezeichnet zum Trocknen: Graue und Weiße Herbstbutterbirne, Rote Bergamotte, Gute Graue oder Kleiner Katzenkopf sind die ganz alten Traditionssorten, die auf dem Land noch in manchen Obstgärten stehen. Von den neueren Sorten können Sie auch Gute Luise, Hofratsbirne oder Boscs nehmen.

Obst trocknen

Wenn es das Wetter erlaubt, legen Sie die vorbereiteten Früchte nebeneinander auf ein altes Betttuch aus Leinen oder Baumwolle in die pralle Sonne. Wenn Sie einen großen, luftigen Balkon besitzen – umso besser, denn dann kann die Luft gut zirkulieren und das Trocknen geht schneller. Sobald die Früchte richtig schrumpelig sind, fädelt man sie auf eine Schnur und hängt sie ebenfalls in die Sonne oder in einen warmen, trockenen Raum, der immer gut gelüftet sein muss. Und schließlich können Sie das vollkommen getrocknete Obst in Gläsern oder Dosen aufbewahren. Kontrollieren Sie aber regelmäßig, ob nichts schimmelt.

Gemüse trocknen

Chilischoten, Tomaten und Bohnen kann man gut trocknen. Chilischoten bindet man an den Stielen zusammen und hängt sie an eine luftige Stelle. Für getrocknete Tomaten brauchen Sie Sorten mit viel Fleisch und wenig Kernen: Am besten eignen sich die länglichen oder eiförmigen wie Roma, Andenhorn und San Marzano.
Für getrocknete Hülsenfrüchte eignen sich alle kräftigen Sorten: von Stangenbohnen zum Beispiel Feuerbohnen und Blauhilde, von Buschbohnen die Sorte Borlotto. Lassen Sie die Hülsen so groß werden, dass sich die ausgewachsenen Bohnenkerne deutlich durch die Schale abzeichnen. Die Kerne aus den Hülsen lösen und nebeneinander ausgebreitet trocknen lassen.

Kräuter und Samen trocknen

Nur kräftige Sommerkräuter eignen sich: Oregano, Thymian, Rosmarin, Bohnenkraut, Majoran und Lavendel. Estragon ist ebenfalls ein gutes Trockenkraut, weil er dabei noch mehr Aroma entwickelt. Zur ländlichen Winterküche gehört Beifuß, der deftige Braten leichter verdaulich macht. Petersilie, Dill, Schnittlauch, Kerbel und Koriander schmecken getrocknet nur nach Heu – man packt sie lieber frisch gepflückt in Schraubgläser und friert sie ein. Oder Sie lassen Dill, Gewürzfenchel und Koriander blühen, denn die ausgereiften Samen sind getrocknet richtig feine Würze.
Zum Trocknen schneiden Sie die Zweige der Kräuter ab, binden sie in kleinen Büscheln zusammen und hängen sie an einen hellen, luftigen Platz, jedoch nicht in die Sonne. Wenn Sie die Samen gewinnen wollen, breiten Sie ein Tuch unter die Kräuterbüschel.

Historiker vermuten, dass schon immer ein Teil des Getreides nach der Ernte gedarrt wurde, um in den Körner die Insekten und ihre Larven abzutöten.

Darren und Trocknen dienen der Haltbarkeit von Lebensmitteln, sind jedoch unterschiedliche Verfahren: Darren geschieht immer über oder in einer Wärmequelle, meist mit heißer Luft, die früher durch brennende Holzscheite erzeugt wurde. In der ersten Phase verdunstet die Feuchtigkeit, in der zweiten bilden sich Röststoffe, die ein besonderes Aroma geben. Beim Trocknen wird dem Lebensmittel nur die Flüssigkeit entzogen.

Darren als Konservierungsmethode

Für Getreide ist es aus der Not geboren. Das bekannteste Beispiel ist Grünkern: Zum ersten Mal wird dieses gedarrte Getreide im 18. Jahrhundert erwähnt, doch die Herstellung begann vermutlich 400 Jahre früher. Denn um 1350 trat eine Verschlechterung des Klimas ein, die Winter waren lang, die Sommer kalt und nass. Damit der Dinkel nicht auf den Feldern verfaulte, schnitten die Bauern die Ähren, sobald die Körner ausgebildet, doch innen noch weich waren. Nun wurde das Getreide über Holzkohlenfeuern getrocknet und dabei leicht geröstet, bis man es dreschen und lagern konnte.

Darren für den Geschmack

Vermutlich hat man die Vorteile des Darrens rasch erkannt: Erstens ist Grünkern leichter verdaulich als ausgereifter Dinkel, zweitens brauchen die Körner nicht so lange zum Garen und drittens schmecken sie wunderbar nussartig mit leichtem Räucheraroma – ganz bekannte Gerichte sind bäuerliche Grünkernsuppe und Grünkernpflänzchen zu Gründonnerstag.

Auch Grünmalz zum Bierbrauen wird gedarrt, damit die Keimung der Gerste gestoppt wird und der typische Karamellgeschmack von Malz entsteht.

Die Grünkernproduktion ist heute dieselbe wie vor Jahrhunderten: Dinkel wird im Stadium der Milchreife geerntet. Die Körner sind noch grün, der innere Mehlkörper milchig-weich. In Trocknungsanlagen röstet man die Ähren bis etwa 120 °C und löst sie anschließend aus den spröde gewordenen Spelzen. Grünkern bekommen Sie als ganze Körner, grobes Schrot, feinen Grieß oder Mehl.
Gedarrt wird auch Buchweizen: Dieses „Kasha" bekommen Sie in Bioläden; es war ursprünglich eine osteuropäische Spezialität und kam vor etwa 30 Jahren mit der Vollwertküche zu uns.

Darren zu Hause

Das macht man zum Beispiel beim Brotbacken. Wenn Sie ganze Körner in den Teig mischen wollen, sollten diese vorher gedarrt werden: Die Körner über Nacht in Wasser einweichen. Dann abgießen, abtropfen lassen und auf einem Backblech ausbreiten. In den vorgeheizten Backofen schieben und bei 70 °C etwa 1 Stunde dörren. Den Teig mit den abgekühlten Körnern mischen und dann erst gehen lassen.

Darren für die Verarbeitung

Gerste und Reis, Dinkel und Hafer sind so genannte Spelzgetreide: Die Körner sind mit den unverdaulichen Hüllen, den Spelzen, verwachsen und müssen erst geschält werden, bevor man sie essen kann. Inzwischen geschieht das maschinell. Außerdem gibt es neue Züchtungen, die sich dreschen lassen wie Weizen: Hier sind die Hüllen an der Ähre festgewachsen, die Körner sitzen darin wie in einem Futteral und fallen beim Dreschen heraus.
Früher machte man Spelzgetreide durch Darren leichter verdaulich: Die Körner wurden mit siedendem Wasser übergossen oder darin gekocht. Dann ließ man sie stundenlang quellen, um sie anschließend zu darren. Durch diese Prozedur lösten sich die Spelzen und konnten durch Stampfen der Körner entfernt werden – eine mühsame Arbeit, die heute niemand mehr kennt. In verschiedenen ländlichen Regionen gehörte so gedarrter Hafer noch bis Mitte des 20. Jahrhunderts zum täglichen Essen. Für das Frühstück streute man die Körner oder das Schrot in gesäuerte Milch. Mittags kochte die Bäuerin Brei davon, der mit Fett „abgeschmalzt" auf den Tisch kam.

Im Sommer wird die Vorratskammer gefüllt.

Obst im Glas

Ab Juni geht es los mit dem Einkochen, wenn die Erdbeeren reif sind. Kirschen und Beeren folgen. Dann kommen Zwetschgen, Holunder und Preiselbeeren. Und im Oktober sind als letztes Obst die Quitten dran.

So lange ist es noch gar nicht her, dass Einkochen zu den weiblichen Pflichten gehörte: Eine gute Hausfrau hatte für anständigen Vorrat in Keller und Speisekammer zu sorgen. Zwar gibt es Gemüse- und Obstkonserven schon seit etwa 1850 – in Deutschland war Spargel das erste Dosengemüse – doch „wenn man bedenkt, dass der Ankaufspreis solcher Sachen oft drei- bis viermal mehr beträgt, als wenn man sich der Mühe unterzieht, den Obstsegen des Sommers und des Herbstes für den Winter zu konservieren, wird keine haushälterische Hausfrau vor der damit verbundenen geringen Mühe zurückschrecken", schreibt Marie Schandri im Jahre 1899.

Recht hat sie: Wer auf dem Land lebt, erntet auch. Man bringt es nicht fertig, Obst und Gemüse einfach auf dem Beet vergammeln zu lassen. Sicher, es wird getauscht: Weil man zu müde war, die Tomaten einzukochen und lieber beim Nachbarn abgeliefert hat, steht als Dankeschön am nächsten Tag ein Eimer mit Zwetschgen vor der Haustür. Und manchmal ist man so richtig froh, wenn es kein „gutes" Jahr war. Sprich: wenn sich Weichselbäume und Johannisbeersträucher mal nicht vor lauter Früchten biegen, wenn die Raupen einen Teil vom Rosenkohl gefressen haben, weil der Tiefkühler schon mit Bohnen, Erbsen, Zucchini und Brokkoli so voll ist.

Man wirft auch mal was auf den Kompost, wenn der erste Frost unverhofft kommt. Ich erinnere mich an meinen ersten Herbst auf dem Land: Mit viel Sorgfalt hatte ich Endiviensalat gesät, die Pflänzchen rechtzeitig vereinzelt und eine schöne Ernte erzielt. Dann eines Morgens waren sie alle glasig und gefroren. Ärgerlich über mich selbst jätete ich das Beet. Damals wusste ich noch nicht, dass man den Salat einfach bei Zimmertemperatur liegen und auftauen lässt.

Doch untertreibt Frau Schandri auch ganz gewaltig, wenn sie die Mühe der Vorratshaltung als gering einstuft – Einkochen und Einlegen, Saften und Likör ansetzen machen eine Heidenarbeit. Da muss man einfach durch – alle Jahre wieder. Und ganz ehrlich: Wenn ich fertig bin mit meiner Vorratshaltungs-Arbeit, bin ich so richtig stolz. Schließlich ist es schon was Feines, den ganzen Winter über Gemüsesuppe aus Eigenanbau zu essen, als Spitzen-Marmeladenköchin zu gelten und nach einem guten Essen den selbst gemachten Likör aus dem Schrank zu holen.

„Beim Einmachen muss mit der peinlichsten Sorgfalt zu Werke gegangen werden, da ein anscheinend kleines Versehen leicht die Ursache zum Verderben der eingelegten Früchte wird und alle darauf verwendete Mühe vergeblich macht", heißt es im Kochbuch von Mary Hahn. Recht hatte sie, die Mutter aller Kochbuchautorinnen. Deshalb ein paar einfache Kniffe aus Omas Kochkiste.

Sauberkeit

Damit beim Einkochen – egal ob Kompott, Mus, Kaltgerührtes, Marmelade oder Chutney – nichts verdirbt, ist Hygiene sehr wichtig: Gläser und die Deckel müssen frisch gespült sein und unmittelbar vor dem Einfüllen mit kochend heißem Wasser ausgeschwenkt werden, am besten aus dem elektrischen Wasserkocher. Die Deckel können Sie auch in eine Schüssel mit kochend heißem Wasser legen.

Hitze

Die vorbereiteten Gläser auf ein kaltes, nasses Küchentuch stellen, damit sie beim Einfüllen heil bleiben. Das gekochte Obst direkt von der Kochstelle ins Glas schöpfen und sofort mit dem heißen, abgetropften Deckel verschließen. Und weil es beim Einkochen auf die Hitze ankommt, sollten Sie jeweils nur ein Glas nach dem anderen füllen und auch gleich schließen. Dabei Marmelade, Kompott oder Chutney im Topf am Kochen halten.

Haltbarkeit

Wenn die gefüllten Gläser kalt geworden sind, können Sie feststellen, ob das notwendige Vakuum im Glas entstanden ist. Der Deckel muss ganz fest sitzen und darf sich nicht einfach ohne Kraft wieder öffnen lassen. Bei Schraubdeckel-Einmachgläsern sieht man den Erfolg sogar: Hier wölbt sich der Deckel durch den Unterdruck leicht nach innen. Pasteurisiertes Kompott hält sich mindestens drei Monate, meist länger. Eingekochtes mit viel Zucker wie Marmelade oder Säure wie Essig (Ketchup und Chutney) halten sich jahrelang. Am besten kühl und dunkel lagern und immer wieder die Deckel kontrollieren.

Achtung

Wenn sich kein Vakuum gebildet hat, war entweder die Temperatur beim Abfüllen zu niedrig oder Glasrand oder Deckel sind nicht intakt. Dann müssen Sie die Prozedur wiederholen oder den Inhalt in den nächsten Tagen essen. Schimmel auf eingekochtem Obst ist gesundheitsschädlich und Sie müssen das Kompott wegwerfen. Bei Marmelade, die Sie mit gleichen Teilen von Obst und Zucker gekocht haben, reicht es, wenn Sie die Schimmelschicht großzügig entfernen.

„Der Frühling ist zwar schön; doch wenn der Herbst nicht wär', wär' zwar das Auge satt, der Magen aber leer."
Friedrich von Logau

Holunderkompott

Die Dolden in einer Schüssel mit kaltem Wasser waschen. Die Beeren mit einer Gabel abstreifen. Die Zwetschgen waschen, vierteln und entsteinen. Die Birnen vierteln, schälen, vom Kerngehäuse befreien und in kleine Stücke schneiden. Die Holunderbeeren mit Zucker, Zitronenschale, Nelken und Zimt aufkochen. Zwetschgen und Birnen zugeben, einmal kräftig aufkochen und zugedeckt bei mittlerer Hitze 5 Minuten kochen lassen. Das kochend heiße Kompott in saubere, heiß ausgespülte Twist-off-Gläser füllen und sofort verschließen.

Für 6 Gläser à 500 g

1 kg Holunderbeer-Dolden
1 kg Zwetschgen
4 feste Birnen
300 g brauner Zucker
1 großes Stück Bio-Zitrone
4 Gewürznelken
1 Zimtstange

Holunderbeeren pflücken

Die tiefschwarzen, vitaminreichen Holunderbeeren sind von Ende August bis Ende September reif. Zum Ernten brauchen Sie einen großen Einkaufskorb, damit die Beeren nicht matschig werden. Am besten schneiden Sie die Dolden mit einer Baumschere ab, um die Zweige nicht zu verletzen. Zum Verarbeiten sollten Sie eine Schürze anziehen, denn Holundersaft färbt stark.
Achtung: Nicht roh trinken, denn Holunder ist nur gekocht gut verträglich.

Gut gerührt und lang gekocht

Beginnen wir mit Rezepten, wie sie noch vor 40 Jahren ganz üblich waren: Obst wird mit Läuterzucker dick eingekocht. Verschlossen wurden die Gläser dann mit rund oder quadratisch zugeschnittenem Zellophanpapier und Bindfaden: Das Papier in heißes Wasser tauchen, damit es geschmeidig wird, glatt über das Glas legen und am Rand des Glases rundherum mit einem starken Faden umwickeln. Sobald das Papier trocken ist, sitzt es straff wie das Fell einer Trommel.

Für Traditionsmarmelade nimmt man keinen Gelierzucker, sondern selbst gekochten Zuckersirup: 1 kg weißen Zucker mit 2 l Wasser in einen hohen Topf geben. Unter Rühren aufkochen und kochen lassen bis der Zucker klar wie Wasser ist. Zur Probe einen Tropfen Zuckerlösung auf einen Teller geben und lauwarm abkühlen lassen. Daumen und Zeigefinger zusammengelegt in den Zucker tauchen. Wenn Sie die Finger spreizen, soll der Zucker einen Faden bilden.

Bäuerliche Apfelmarmelade

Sechs oder sieben große, säuerliche Äpfel schälen und halbieren, aber nicht entkernen – das Kerngehäuse enthält reichlich Pektin und sorgt später für das Gelieren der Marmelade. Äpfel in einen Bräter geben, 1/2 Tasse Wasser und den Saft von 1 Zitrone zugeben und die Früchte zugedeckt im Backofen bei 200 °C O/U in etwa 40 Minuten ganz weich dünsten. Herausnehmen und über Nacht in einem kühlen Raum stehen lassen. Durch ein Sieb drücken und 1 kg von diesem Apfelmus mit 850 g Läuterzucker in einem Edelstahl- oder Kupfertopf verrühren. Unter ständigem Rühren aufkochen und bei schwacher Hitze 45 Minuten kochen lassen. Dabei ständig rühren, damit die Marmelade nicht am Topfboden anliegt und braune Schlieren kriegt. Kochend heiß in sauber gespülte Gläser füllen und entweder mit Zellophan oder Twist-off-Deckeln verschließen.

Hagebuttenmarmelade

Für 3 Gläser à 200 g
1 kg Hagebutten
Saft von 1 Zitrone
1 Stück Zimtstange
3 Gewürznelken
Läuterzucker

Die Hagebutten von Stielansätzen und Blüten befreien. Halbieren, die Kerne und die Härchen entfernen und die Hagebutten gründlich waschen. In einer Glasschüssel mit Wasser bedeckt über Nacht zugedeckt ziehen lassen.

Für die Zubereitung das Wasser abgießen. Die Hagebutten mit Zitronensaft, Zimt und Nelken aufkochen und zugedeckt bei schwacher Hitze in etwa 30 Minuten weich kochen. Erneut über Nacht ziehen lassen. Die Gewürze entfernen und die Hagebutten durch ein Sieb streichen. Das Mark mit derselben Menge Läuterzucker aufkochen und 10 Minuten kochen. In saubere Twist-off-Gläser füllen und verschließen.

Pflaumenmus

Für 5 Gläser à 200 g
2 kg entsteinte Zwetschgen
Saft und 1 Stück Schale von 1 Bio-Zitrone
3 Gewürznelken
2 Zimtstangen
1 kg brauner Zucker

Den Backofen auf 200 °C O/U vorheizen. Die Zwetschgen in Stücke schneiden und in einen Bräter geben. Den Zitronensaft zufügen, die Zitronenschale und die Gewürze zwischen die Fruchtstücke legen und alles gleichmäßig mit dem Zucker bestreuen. Den Bräter zugedeckt in den heißen Ofen (Mitte) schieben und die Zwetschgen 30 Minuten garen. Den Deckel entfernen, die Zwetschgen einige Male durchrühren und noch 2 Stunden im Ofen einkochen. Dabei die Ofentüre einen Spalt leicht öffnen (ein Holzstäbchen dazwischen klemmen), damit der Dampf entweichen kann. Die Zwetschgen während des Einkochens immer wieder umrühren. Die Gewürze entfernen, das kochend heiße Mus in saubere Twist-off-Gläser füllen und verschließen.

Roh gerührte Marmelade …

… schmeckt besonders intensiv, hält sich aber nicht so lange wie gekochte Konfitüren. Machen Sie deshalb nur kleine Mengen, die Sie in den Gläsern im Kühlschrank aufbewahren. Früchte mit reichlich Pektin eignen sich besonders gut, und Johannisbeeren verarbeiten Sie am besten mit ein paar grünen Stielchen – auch das gibt der Marmelade Stand. Wichtig: Der Zucker muss sich ganz auflösen, es darf also nicht mehr „knirschen", wenn Sie mit einem Löffel über den Boden der Schüssel fahren. Auf gut gerührten Erdbeeren zum Beispiel bildet sich etwas weißer Schaum – dann ist die Mischung richtig.

Für roh gerührte Preiselbeermarmelade pürieren Sie 500 g reife Beeren. 300 g feinen Zucker oder aromatischem Honig zugeben und mit dem Stabmixer etwa 15 Minuten durchrühren, bis die Marmelade dickflüssig und homogen ist.

Mischmasch-Marmelade

Dass Sie Obst zu Marmelade kochen, versteht sich von selbst. Genauso gut schmeckt aber eine Mischung aus frischen Früchten und Saft, den Sie entweder ebenfalls frisch zubereiten oder aus der Flasche nehmen: Schnell, gesund und preiswert geht es mit Saft ohne Zuckerzusatz aus Reformhaus und Bioladen. Entsaften für Marmelade lohnt nämlich nur, wenn Sie Obst im eigenen Garten ernten; vor allem Beeren sind selbst während der Saison viel zu teuer zum Saftmachen. Aus Früchten und Obstsäften, die beim Abwiegen für Marmelade übrig bleiben, können Sie gute Mehrfrucht-Konfitüre kochen.

Harmonische Süße

Je süßer Früchte oder Säfte sind, desto weniger Gelierzucker brauchen Sie für Gelee und Konfitüre – auch Himbeersirup zum Beispiel sorgt für Süße. Der geringere Zuckeranteil vermindert allerdings die Haltbarkeit des Eingekochten. Deshalb enthält Gelierzucker 2 plus 1 und 3 plus 1 noch ein Konservierungsmittel.

Zitronen- oder Orangensaft passt immer zu Konfitüre, Marmelade und Gelee, egal ob Sie süße Erdbeeren oder saure Kirschen verwenden. Zitrussaft gibt mehr Aroma, weil sich Süßes und Saures zu harmonischem Geschmack ergänzen – denken Sie zum Beispiel an säuerliche Tomatensauce, die nur mit einer guten Prise Zucker schön „rund" schmeckt. Besonders gut wird die Marmelade, wenn Sie natürliche Säure und Süße verschiedener Früchte kombinieren: zum Beispiel Johannisbeeren und Bananen, Pfirsiche und Sauerkirschen oder Heidelbeeren und Stachelbeeren.

Wintermarmelade mit Gewürzen

Für 8 Gläser à 250 g
1200 g gemischte Früchte (Äpfel, Bananen, Ananas, Kiwis)
3/4 l Multivitamin-Saft
1 kg Gelierzucker (1 plus 1)
500 g Gelierzucker (2 plus 1)
1/2 TL Lebkuchengewürz
1 TL Vanillezucker
1/2 TL schwarzer Pfeffer aus der Mühle
Saft von 1 Zitrone
4 EL Orangenlikör

Die Früchte schälen, gegebenenfalls entkernen und klein würfeln. Mit dem Multivitamin-Saft und dem gesamten Gelierzucker in einem großen Edelstahltopf mischen und zugedeckt in einem kühlen Raum 1 Stunde ziehen lassen. Lebkuchengewürz, Vanillezucker und Pfeffer in einem Schälchen mischen. Den Topf auf die Kochstelle setzen, die Konfitüre unter Rühren zum Kochen bringen. Sobald sie auch beim ständigem Umrühren sprudelnd kocht, noch 4 Minuten bei mittlerer Hitze weiter kochen. Dabei ständig umrühren und zum Schluss abschäumen.

Den Zitronensaft, den Likör und die Gewürze aus dem Schälchen untermischen, die kochend heiße Marmelade in saubere, heiß ausgespülte Twist-off-Gläser füllen und sofort verschließen.

Birnen & Brombeeren

Für 6 Gläser à 250 g
300 g Brombeeren
700 ml Birnensaft
500 g Gelierzucker (2 plus 1)

Die Brombeeren in einer Schüssel mit kaltem Wasser waschen und gut abtropfen lassen. Mit Birnensaft und Gelierzucker in einem Edelstahltopf vermischen und etwa 12 Stunden zugedeckt in einem kühlen Raum ziehen lassen. Den Topf auf die Kochstelle setzen, die Obstmischung unter Rühren zum Kochen bringen. Sobald sie auch beim ständigem Umrühren sprudelnd kocht, noch 4 Minuten bei mittlerer Hitze weiter kochen. Dabei abschäumen und immer wieder durchrühren. Die kochend heiße Marmelade in saubere, heiß ausgespülte Twist-off-Gläser füllen und sofort verschließen.

Rhabarbermarmelade

Für 8 Gläser à 250 g
800 g Rhabarber, geputzt und gewaschen
1 kg Gelierzucker (1 plus 1)
250 g Erdbeeren

Rhabarber in kleine Stücke schneiden, mit 800 g Gelierzucker in einem Edelstahltopf vermischen und ca. 12 Stunden zugedeckt in einem kühlen Raum ziehen lassen. Für die Zubereitung die Erdbeeren waschen, abzupfen und mit dem restlichen Gelierzucker grob zerdrücken. Mit den Quirlen des Handrührgerätes etwa 15 Minuten rühren, bis sich weißer Schaum bildet. Den Topf mit dem Rhabarber auf die Kochstelle setzen, die Marmelade unter Rühren zum Kochen bringen. Sobald sie auch beim ständigem Umrühren sprudelnd kocht, noch 4 Minuten bei mittlerer Hitze weiter kochen. Dabei abschäumen und immer wieder durchrühren. Das Erdbeerpüree untermischen, aber nicht mehr aufkochen. Die heiße Marmelade in saubere, heiß ausgespülte Twist-off-Gläser füllen und sofort verschließen.

So gelingt Marmelade

Zeit lassen

Jede Marmelade schmeckt aromatischer und gelingt sicher, wenn Sie Früchte, Gewürze und Gelierzucker vermischt zwischen 12 bis maximal 30 Stunden ziehen lassen. Nur Marmelade mit Zitrusfrüchten müssen Sie gleich kochen, sonst schmeckt sie bitter.

Richtig gekocht

Kochvorgang und die Dauer des Kochens unterscheiden sich je nach Hersteller des Gelierzuckers – Angaben stehen auf der Packung. Die Kochzeit beginnt jedoch erst, wenn die Fruchtmischung trotz Umrühren richtig sprudelnd kocht. Die gekochte Marmelade sollten Sie abschäumen: Nach der angegebenen Kochzeit den Schaum, der sich bildet, mit einem breiten, großen Löffel abnehmen und in eine Schale zum gleich Essen füllen. Der Schaum schmeckt genauso gut wie die Marmelade, sieht aber nicht so schön aus.

Mit Stückchen oder cremig

Nach Wunsch die Fruchtstücke während des Kochens mit einem Kartoffelstampfer zerdrücken. Oder mit dem Stabmixer sehr fein zerkleinern, wenn Sie eine eher cremige Konfitüre mögen. Apfelstücke bleiben immer ziemlich knackig. Wer sie lieber weicher mag, kocht sie vorab als Kompott, lässt sie abkühlen und mischt sie dann mit Gelierzucker.

Alkohol macht Früchte aromatisch und lange haltbar.

Obst mit Schuss

Für gute Marmelade und aromatisch eingelegte Früchte brauchen Sie reifes Obst. Dann stimmt das Verhältnis von Fruchtzucker und Säure.

Die Früchte des Sommers verwerten

Da ist natürlich der gute alte Rumtopf, für den es so viele schöne Rezepte gibt, dass ich hier kein weiteres hinzufügen will. Nur einen Tipp: Wem die klassische Mischung aus dem großen Topf zu viel und zu süß ist, könnte es mal mit mehreren kleinen Töpfchen mit jeweils nur einer Sorte Obst probieren. Die lassen sich auch besser kombinieren: säuerliche Johannisbeeren, Weichseln, Stachelbeeren und Quitten passen zu Tortenfüllungen, Eis, Milchreis und Grießflammeri. Süße Erdbeeren, Pfirsiche, Nektarinen, Kirschen und Renekloden schmecken gut zu gefüllten Pfannkuchen, Quarkklößchen und Drinks mit Zitrone.

Gut für Ihren Vorrat an Backzutaten sind alkoholisierte Weinbeeren: Sultaninen, Rosinen oder Korinthen in ein hohes verschließbares Glas geben und mit Weinbrand, Rum oder Obstbrand übergießen. Im verschlossenen Glas halten sich die Beeren jahrelang und stehen immer für Kuchen und Mehlspeisen zur Verfügung. Achten Sie nur darauf, dass die Beeren immer zwei Finger hoch von Alkohol bedeckt sind.

Apfelmarmelade mit Rum-Rosinen

100 g Rosinen mit 6 EL Rum in einem Schraubglas mischen, ein Stück Zimtstange zufügen und alles mindestens 3 Tage im verschlossenen Glas ziehen lassen. Für die Zubereitung 1 kg Klaräpfel oder andere mürbe Äpfel schälen, entkernen und sehr klein würfeln. Die Zimtstange aus den Rosinen nehmen, Rosinen mit Rum zufügen. Alles mit Apfel- oder Quittensaft auf genau 1 kg ergänzen. Mit 1 kg Gelierzucker (1 plus 1) in einem großen Edelstahlstopf gut vermischen und etwa 12 Stunden zugedeckt in einem kühlen Raum ziehen lassen. Die Mischung unter ständigem Rühren zum Kochen bringen und 4 Minuten bei mittlerer Hitze weiter kochen. Mit 2 EL Zitronensaft mischen und kochend heiß in saubere, heiß ausgespülte Twist-off-Gläser füllen und sofort verschließen.

Zum Naschen und ebenfalls zum Backen ganz ausgezeichnet: Leicht kandierte Früchte aus dem Feinkostladen mit beliebigem Alkohol übergießen – besonders gut schmecken die Früchtchen in Grappa.

Aprikosen mit Marsala

Für 4 Gläser à 500 g
1 kg Aprikosen
1 Stück frischer Ingwer (ca. 2 cm)
1/4 l Wasser
1/4 l trockener Weißwein
Saft von 2 Limetten
1/8 l Marsala
100 g Zucker
1 Zimtstange
2 EL Lavendelhonig

Die Aprikosen mit kochendem Wasser übergießen, kurz ziehen lassen, abgießen und die Haut abziehen. Die Früchte halbieren und entsteinen. Den Ingwer mit einem kleinen scharfen Messer dünn schälen und sehr fein zerkleinern. Mit Wasser, Wein, Limettensaft, Marsala, Zucker und Zimtstange in einen Topf geben und alles bei mittlerer Hitze langsam zum Kochen bringen.
Die Aprikosenhälften in den Sud geben, erneut aufkochen und zugedeckt bei mittlerer Hitze 3 Minuten garen. Mit einem Schaumlöffel herausnehmen und in saubere, heiß ausgespülte Twist-off-Gläser füllen. Den Sud wieder zum Kochen bringen und bei starker Hitze unter Rühren auf knapp die Hälfte einkochen lassen. Den Honig untermischen und den Sud kochend heiß über die Aprikosen gießen. Die Gläser sofort verschließen.

Gepfefferte Mehrfruchtmarmelade mit Grappa

Für 8 Gläser à 250 g
400 g reife Erdbeeren
300 g Aprikosen, geschält und entsteint
300 g Johannisbeersaft
1 kg Gelierzucker (1 plus 1)
1 TL schwarze Pfefferkörner
2 EL Grappa

Die Erdbeeren und die Aprikosen in sehr kleine Stücke schneiden. Mit Johannisbeersaft und Gelierzucker in einem großen Edelstahltopf vermischen und etwa 12 Stunden zugedeckt in einem kühlen Raum ziehen lassen.
Den Topf auf die Kochstelle setzen, die Obstmischung unter Rühren zum Kochen bringen. Sobald sie auch beim ständigem Umrühren sprudelnd kocht, noch 4 Minuten bei mittlerer Hitze weiter kochen. Dabei abschäumen und immer wieder durchrühren.
Pfeffer und Grappa untermischen, die kochend heiße Konfitüre in saubere, heiß ausgespülte Twist-off-Gläser füllen und sofort verschließen.

Alternativ können Sie Kirschen und Sauerkirschen, Mirabellen, Pflaumen und Zwetschgen verwenden.

Saft aus dem eigenen Garten

Frisch gepresste Säfte schmecken immer noch am besten – bei Saftschorle mit Früchten aus dem eigenen Garten, weiß man einfach, dass nur Gutes drin ist. Zudem können Sie Gemüse und Obst ganz nach Lust und Laune mischen und ganz wunderbare, vitaminreiche Drinks zubereiten: pur, mit Mineralwasser oder Sekt aufgefüllt, mit Milch und Joghurt gemixt.
Natürlich gehören verschiedene Säfte auch zum Wintervorrat auf dem Land. Mit Saft machen Sie wunderbares Gelee fürs Frühstück, Grütze zum Nachtisch und Likör für die Hausbar. Oder für winterlichen Obstsalat zum Frühstücksbrei.

Obstsalat für den Winter

Trockenobst und Obst aus dem Tiefkühler mit einem kräftigen Schuss selbst gemachtem Saft übergießen und über Nacht zugedeckt ziehen lassen. Morgens nur noch mit zerdrückter Banane und klein geschnittenen Äpfeln mischen.

Die kleine Saftbar

Bei kleinen Mengen selbst gemachtem Saft reichen für Beeren oder entsteinte Kirschen ein großes Sieb und ein Holzstampfer. Ich nehme dazu immer den alten hölzernen Fleischklopfer meiner Großmutter. Für hartes Obst wie Äpfel, Quitten, Birnen und Zwetschgen brauchen Sie einen elektrischen Entsafter. Die reifen Früchte müssen Sie nur waschen und zerkleinern. Schale und Kerngehäuse lassen Sie dran, denn beides enthält Vitamine und oft auch Pektin, das für Stand sorgt, wenn Sie den Saft für Gelee brauchen. Den fertigen Saft frieren Sie in Schraubgläsern ein: Die Gläser dürfen Sie nur zu 2/3 füllen, damit sie im Tiefkühler nicht platzen.

Entsaften auf die alte Art

Für mehr als 2 Liter Saft ist der elektrische Entsafter unpraktisch, weil Sie zwischendurch immer wieder die Fruchtreste entfernen müssen. Große Obstmengen und Wildfrüchte wie Kornelkirschen und Vogelbeeren bewältigen Sie nach der traditionellen Methode viel besser: Das Obst kochen und den Saft über Nacht durch ein Tuch laufen lassen. Dafür einen Stuhl umgedreht auf den Tisch legen, ein großes Seihtuch zwischen die Stuhlbeine binden und das gekochte Obst ins Tuch füllen. Es dauert zwar einige Stunden, aber wenn Sie ein genügend großes Gefäß unter das Tuch stellen, kann der Saft auch ohne Aufsicht tropfen.

Saft aus dem Dampf

Mit dem Dampfentsafter kann man auch größere Mengen Früchte schonend und einfach entsaften: Bis zu 8 kg Obst ergeben in knapp 2 Stunden etwa 4 l Saft. Die Früchte kommen in einen gelochten Einsatz, der in den Topf gehängt wird. Ganz unten im Wasserbehälter wird Wasser erhitzt. Dampf steigt auf und gart die Früchte im Locheinsatz.
Der entstehende Saft läuft in einen Auffangbehälter und kann heiß mit einem Schlauch direkt in Flaschen gezapft werden. Die Zeit müssen Sie kontrollieren, denn je nach Obstsorte fließt der Saft unterschiedlich schnell. Wichtig ist absolute Sauberkeit: Die Flaschen müssen frisch gespült und mit heißem Wasser ausgeschwenkt sein, die Twist-off-Deckel direkt aus dem kochend heißen Wasser kommen.

Roher Saft in größeren Mengen

Für 3 bis 4 l Saft brauchen Sie 3 kg verlesene und entstielte Früchte wie Himbeeren, Johannisbeeren, Erdbeeren oder entsteinte Kirschen. Die Früchte in eine Glas- oder Porzellanschüssel füllen und zerdrücken. 50 g Weinstein oder Zitronensäure aus der Apotheke in 2 l kaltem Wasser auflösen und über die Früchte gießen. Etwa 12 Stunden zugedeckt stehen lassen, dabei ab und zu umrühren. Das Obst auf das Safttuch zwischen den Stuhlbeinen geben und den Saft abtropfen lassen, in Flaschen füllen und portionsweise einfrieren. Oder pasteurisieren: Pro Liter Saft 300 g Zucker zufügen und unter ständigem Rühren rasch und kräftig aufkochen. Kochend heiß in die vorbereiteten Flaschen füllen und verschließen.

Gelee-Rezepte kurz gefasst

800 ml Himbeersaft mit 200 g Nektarinenwürfeln und Gelierzucker mischen, ziehen lassen und sprudelnd kochen.
1 l Holunderbeersaft mit dem Gelierzucker, 1 aufgeschnittenen Vanilleschote und 3 EL Cassis 12 Stunden ziehen lassen. Die Vanilleschote entfernen und das Gelee kochen.
Je 1/2 l Apfel- und Quittensaft mit Gelierzucker und 1 Zweig Rosmarin mischen und 12 Stunden ziehen lassen. Kochen, den Rosmarin entfernen und das Gelee in Gläser füllen.

Beeren mit kleinen Kernchen, die in der Marmelade eher stören, eignen sich besonders gut für Saft und Gelee.

Vogelbeergelee mit Aprikosenlikör

Für 8 Gläser à 250 g
1 l Vogelbeersaft
2 EL Orangensaft
3 EL Aprikosenlikör
1 kg Gelierzucker (1 plus 1)

Vogelbeersaft, Orangensaft und Likör mit dem Gelierzucker in einem großen Edelstahltopf mischen und 12 Stunden zugedeckt in einem kühlen Raum ziehen lassen.
Die Mischung unter ständigem Rühren zum Kochen bringen. Sobald sie auch beim Umrühren sprudelnd kocht, noch 4 Minuten bei mittlerer Hitze weiter kochen. Dabei ständig umrühren und zum Schluss abschäumen.
Das kochend heiße Gelee in saubere, heiß ausgespülte Twist-off-Gläser füllen und sofort verschließen.

Essbare Vogelbeeren sind die roten oder orangefarbenen Früchte einer Ebereschensorte. Reif werden sie schon im frühen Herbst, doch sie schmecken nach dem ersten Frost besser. Allerdings ist eine reichliche Ernte dann eher Glückssache, denn auch die Vögel mögen die Beeren und kommen zeitiger zum Sammeln.

Dreifrucht-Gelee mit Erdbeerstückchen

Für 6 Gläser à 250 g
300 g Erdbeeren
700 ml Holundersaft
330 ml Schwarze-Johannisbeer-Saft
170 ml Himbeersirup
500 g Gelierzucker (3 plus 1)
2 EL Zitronensaft

Die Erdbeeren waschen, abzupfen und klein schneiden. Mit den beiden Säften, dem Himbeersirup und dem Gelierzucker in einem großen Edelstahlstopf mischen und etwa 12 Stunden zugedeckt in einem kühlen Raum ziehen lassen.
Die Zitrone auspressen. Die Konfitüre unter Rühren zum Kochen bringen. Sobald sie auch beim Umrühren sprudelnd kocht, noch 4 Minuten bei mittlerer Hitze weiter kochen. Dabei abschäumen und immer wieder umrühren.
Den Zitronensaft untermischen, das kochend heiße Gelee in saubere, heiß ausgespülte Twist-off-Gläser füllen und sofort verschließen.

Mit Gelatine wird aus Fruchtsaft und Likör ein köstlicher Sommernachtisch.

Grüne Nüsse einlegen, Sirup kochen und Likör ansetzen.

Vorrat im Frühsommer

Stechen Sie mit der Stopfnadel wirklich ganz durch die grüne Nuss. Nur wenn auch die innere Schale noch weich ist, eignen sich die Nüsse zum Einlegen.

Das große Pflücken

Im Frühsommer sind Blüten und Blätter von Kräutern und Büschen besonders reich an Aroma. Deshalb wird in der Landhausküche Sirup gekocht: Mit Löwenzahn und Holler, Pfefferminze und Salbei. Jeder Sirup schmeckt toll als Aperitif mit Prosecco aufgefüllt. Oder probieren Sie mal ein Löffelchen Pfefferminzsirup über frisch gepflückten Erdbeeren mit Sahnehäubchen. Salbeisirup passt zu Apfelsaft – heiß getrunken hilft das Gebräu gegen Erkältung und Heiserkeit. Und Anfang Juli, wenn die Walnüsse noch grün am Baum hängen und die innere Holzschale weich genug zum Durchstechen ist, ist die Zeit für „Schwarze Nüsse" gekommen – gewissermaßen das Meisterstück der Landhausfrau.

Schwarze Nüsse

1 kg grüne Nüsse
feiner Zucker
1 Bio-Zitrone
Zimtstangen und Gewürznelken

Die frisch gepflückten Nüsse mehrmals mit einer dicken Stopfnadel durchstechen und 14 Tage lang wässern: In einem Glasgefäß mit kaltem Wasser bedecken, täglich wieder abgießen und mit frischem Wasser bedecken. Dann mit frischem Wasser bedeckt in einem Edelstahltopf aufkochen und bei schwacher Hitze langsam so weich wie Salzkartoffeln kochen. Das Kochwasser abgießen und die Nüsse 12 Stunden in kaltem Wasser ziehen lassen. Aus 1200 g Zucker und 1 l Wasser Läuterzucker kochen und kochend heiß über die Nüsse gießen. Zucker am nächsten Tag wieder abgießen und erneut einkochen, diesmal aber etwas dickflüssiger. Diese Zuckerlösung abkühlen lassen und über die Nüsse gießen. Wieder 1 Tag stehen lassen, Zuckersirup abgießen und mit 50 g Zucker und 2 EL Wasser dick einkochen. Diesen Vorgang noch fünfmal wiederholen. Beim letzten Mal die Nüsse und den Saft von 1 Zitrone zugeben und einige Sekunden aufkochen. Die Nüsse mit einem Schaumlöffel herausnehmen und in möglichst schmale und hohe, saubere, kochend heiß ausgespülte Twist-off-Gläser füllen. Dabei in jedes Glas 1/2 zerbröckelte Zimtstange, 1 Stück Bio-Zitronenschale und 2 Gewürznelken geben. Die Zuckerlösung abkühlen lassen und über die Nüsse gießen, sodass sie davon bedeckt sind. Vor dem Essen noch eine Woche ziehen lassen.

Holundersirup

100 g Holunderblüten-Dolden
3 l Wasser
2 kg Zucker
50 g Zitronensäure

Die Stiele der Dolden bis auf 5 mm abschneiden. Jede Blütendolde am gekappten Stiel fassen und in einer großen Schüssel mit kaltem Wasser schwenken, damit alle Insekten aus den Dolden entfernt werden. Die gewaschenen Dolden in ein großes Glas- oder ein Steingutgefäß geben und mit dem kochenden Wasser übergießen. Zucker und Zitronensäure zufügen und rühren, bis sich der Zucker gelöst hat. Die Mischung mit einem Tuch bedeckt 2 Tage ziehen lassen, dabei immer wieder umrühren. Den Sirup durch ein Seihtuch filtern und in einem Edelstahltopf aufkochen. Einige Sekunden sprudelnd kochen, in saubere, kochend heiß ausgespülte Flaschen mit Bügelverschluss oder Twist-off-Deckel füllen. Sofort verschließen.

Himbeersirup

2 kg reife Himbeeren
2 l Wasser
60 g Zitronensäure
feiner Zucker

Die Himbeeren rasch in einer großen Schüssel mit kaltem Wasser waschen und auf einem Sieb abtropfen lassen. In ein großes Glas- oder ein Steingutgefäß geben. Die Zitronensäure im kalten Wasser auflösen und über die Himbeeren gießen. Mit einem Tuch bedeckt 1 Tag stehen lassen, dabei häufig umrühren.

Die Beeren durch ein feinmaschiges Sieb oder ein Seihtuch filtern und abmessen: pro Liter Saft mit 500 g Zucker in einem Edelstahltopf aufkochen. Einige Sekunden sprudelnd kochen lassen. Dann in saubere, kochend heiß ausgespülte Flaschen mit Bügelverschluss oder Twist-off-Deckel füllen und sofort verschließen.

Hochprozentiges

Schnaps dürfen Sie auf dem Land nicht brennen, auch wenn Sie gar nicht mehr wissen, wohin mit dem vielen Obst. Bringen Sie es einfach zum Mosten: Adressen von Mostereien sind auf dem Land überall zu kriegen – zum Beispiel vom Bauern, bei dem Sie einkaufen. Heutzutage machen auch die fleißigsten Landleute ihren Most nicht mehr selber. Oder vielleicht einmal und dann nie wieder. Denn Mühe und Arbeit lohnen das Ergebnis nicht. Das gilt auch für Obstwein: Gute Qualität mit vollem Geschmack erzielt man nur durch profundes Wissen, Profi-Ausrüstung und lange Übung.

Anders sieht es beim Likör aus: Der ist selbst angesetzt allemal besser als gekauft. Sie können ja auch die wildesten Mischungen ausprobieren – einer meiner Freunde überrascht alle Jahre wieder mit einer neuen Kreation. Vergangenes Jahr gab's Felsenbirne mit Vanille und schwarzem Pfeffer – zuerst über Bayerischer Creme, dann im Gläschen zum Kaffee.

Den einfachsten Likör, der immer wieder gut ankommt, machen Sie mit Eiern: 7 ganz frische Eigelbe mit 200 g Zucker und dem ausgekratzten Mark von 1 Vanilleschote mit den Quirlen des Handrührgerätes etwa 10 Minuten rühren, bis der Zucker ganz gelöst ist. Zuerst 1/2 l kalte Milch, dann 200 ml besten Weinbrand oder Cognac untermischen und noch 2 Minuten weiter rühren. Langsam in saubere, heiß ausgespülte Flaschen füllen, weil der Likör anfangs sehr stark schäumt. Im Kühlschrank aufbewahren und innerhalb von einer Woche trinken – was kein Problem sein dürfte.

Und noch ein Himbeerlikör, den ich – in Sütterlinschrift – im handgeschriebenen Kochbuch meiner Mutter gefunden habe: 500 g frische Himbeeren in einem hohen Glasgefäß mit 1 l feinstem Branntwein – moderne Landleute nehmen Grappa – übergießen und mit einem Tuch bedeckt 3 bis 4 Wochen in der Sonne stehen lassen. Aus 400 g Zucker und 1/2 l Wasser Läuterzucker kochen, die Beeren mit dem Alkohol zugeben, noch mal aufkochen, wie Sirup filtrieren und in Flaschen füllen.

Kirsch-Pfirsichlikör mit Pistazien

2 kg Süß- und Sauerkirschen gemischt
2 reife Pfirsiche
400 g brauner Zucker
1 Vanilleschote
1 Messerspitze Piment
2 1/4 l weißer Rum
50 g ungesalzene Pistazienkerne

Die Kirschen waschen, abzupfen und entsteinen, dabei den Saft auffangen. Die Kerne zum Schluss auf ein Sieb geben und den Saft ebenfalls abtropfen lassen. Etwa 20 Kirschkerne in einen stabilen Gefrierbeutel geben und mit einem Hammer zerschlagen. Die Pfirsiche überbrühen, abziehen, halbieren und in kleine Stücke schneiden. Das Obst in einer Schüssel mit dem Stabmixer nicht zu fein zerkleinern.
Einen Pfirsichkern aufschlagen und das Innere herausholen. Die Vanilleschote aufschneiden und das Mark herauskratzen. Kirschen, Pfirsiche, Saft, alle zerkleinerten Kerne, Vanillemark, Zucker und Piment in ein großes Glasgefäß geben. Mit einem Tuch bedeckt 12 Stunden kühl stellen. 2 l Rum zugießen und das Glas fest verschließen. Den Liköransatz 2 Monate in einem warmen, hellen Raum stehen lassen. Die Pistazien im Blitzhacker fein zerkleinern, in einem Schraubglas mit dem restlichen 1/4 l Rum übergießen und im verschlossenen Glas 2 Wochen ziehen lassen. Den Likör und die Pistazien durch ein Seihtuch filtern, in Flaschen füllen und verschlossen noch 4 Wochen reifen lassen.

Selbst gemachter Cassis

500 g schwarze Johannisbeeren
100 g Himbeeren
1 l Cognac
250 g Zucker
150 ml Wasser

Die Johannisbeeren mit einer Gabel von den Stielen streifen. Zusammen mit den Himbeeren in einer Schüssel mit kaltem Wasser waschen und auf einem Sieb abtropfen lassen. Das Obst in einer Schüssel mit einer Gabel zerdrücken, in ein dunkles Glasgefäß oder einen Steinguttopf geben und mit dem Cognac übergießen. Im fest verschlossenen Gefäß an einem warmen Ort 2 Monate reifen lassen. Den Ansatz durch ein Seihtuch filtern. Zucker mit Wasser aufkochen und kochen lassen, bis die Lösung klar ist. Abgekühlt mit dem Likör mischen. Den Likör in dunkle, saubere und heiß ausgespülte Flaschen füllen und noch 4 Wochen reifen lassen.

Anislikör von 1910

20 g Anis
20 g Sternanis
1/2 Zimtstange
Schale von 1/2 Bio-Zitrone
1/2 l Kornbranntwein
200 g Zucker
1/2 l Wasser

Anis, Sternanis und Zimt in einem Mörser nicht zu fein zerreiben. Mit der Zitronenschale und dem Kornbrand in ein Glas geben und verschlossen 1 Monat in einem warmen, sonnigen Raum stehen lassen.
Den Zucker mit dem Wasser aufkochen und kochen lassen, bis die Lösung ganz klar ist. Etwas abgekühlt mit dem Liköransatz mischen und alles durch ein Tuch seihen. In saubere, heiß ausgespülte Flaschen füllen und verschlossen noch 1 Monat reifen lassen.

Herzhafte Konfitüren

In alten Gutshäusern verwertete man in solchen pikant gewürzten Mischungen meist unreif gepflücktes Obst, wenn die Bäume zu voll von Früchten hingen. Ein Küchenlexikon von 1890 erklärt, wie man „Chutnee-Sauce" aus Äpfeln macht. Unsere Tomatenkonfitüre mit Ingwer ist für die Nachlese auf Ihrem Tomatenbeet bestimmt, wenn nicht mehr alle Früchte reif werden. Statt Ingwer können Sie auch Sommerkräuter wie Rosmarin oder Thymian nehmen: Kräuter waschen, die Zweige in die Tomaten-Zuckermischung legen und mit ziehen lassen.

Zwiebelkonfitüre

Für Zwiebelkonfitüre (ergibt 4 Gläser à 300 g) 1 kg Zwiebeln und 2 Knoblauchzehen schälen, fein zerkleinern und mit 1 EL Thymianblättchen in 4 EL heißem Olivenöl bei schwacher Hitze unter Rühren glasig braten. 1/4 l trockenen Roséwein und 6 EL Balsamessig zugeben, aufkochen und die Konfitüre bei mittlerer Hitze unter häufigem Umrühren dick einkochen. Mit Salz, Cayennepfeffer und 1 bis 2 EL Orangensaft würzen und kochend heiß in saubere, heiß ausgespülte Twist-off-Gläser füllen und sofort verschließen.

Tomaten-Ingwer-Konfitüre

Für Tomaten-Ingwer-Konfitüre (ergibt 8 Gläser à 250 g) 500 g vollreife, geschälte Tomaten und 400 g gewaschene grüne Tomaten in Stücke schneiden und dabei die Stielansätze entfernen. 50 g in Sirup eingelegte Ingwerknollen in kleine Würfel schneiden. Mit Tomatenstücken, 1 kg Gelierzucker (1 plus 1) und 4 EL Weinbrand in einem großen Topf vermischen und etwa 12 Stunden zugedeckt ziehen lassen. Für die Zubereitung die Tomaten mit einem Kartoffelstampfer etwas zerdrücken, unter ständigem Rühren zum Kochen bringen. Sobald alles sprudelnd kocht, noch 4 Minuten bei mittlerer Hitze weiter kochen. Dabei ständig umrühren und zum Schluss abschäumen. Den Saft von 1 Zitrone und 2 EL Ingwersirup untermischen, die kochend heiße Konfitüre in saubere, heiß ausgespülte Twist-off-Gläser füllen und sofort verschließen.

Diese süßsauer eingelegten Früchte bereiten Sie mit getrockneten Birnen, Äpfeln, Pflaumen und/oder Obst aus dem Vorrat zu. Sie schmecken zu Wild und Geflügel.

Obst-Pickles

Für 4–5 Portionen
250 g gemischte getrocknete Früchte
2 Knoblauchzehen
200 ml Aprikosensaft
2 EL Honig
1 EL brauner Zucker
1/2 TL Salz
2–3 EL Apfelessig
1/2 TL Senfpulver
1/2 TL Chilipulver
1/2 TL Pfefferkörner
1 Zimtstange
3 Gewürznelken

Die getrockneten Früchte auf einem Sieb heiß abspülen und mit einem Tuch trocken reiben. Grob hacken und in eine Schüssel geben. Die Knoblauchzehen schälen und durch die Presse dazu drücken.
Den Aprikosensaft mit dem Honig, dem Zucker, Salz, 2 EL Essig, dem Senf- und Chilipulver verrühren und über die Früchte gießen. Die Pfefferkörner, den Zimt und die Nelken zugeben und alles mischen. Die Pickles etwa 12 Stunden zugedeckt im Kühlschrank ziehen lassen und etwa 1 Stunde vor dem Servieren herausnehmen, damit sich das Aroma entwickelt. Eventuell mit dem restlichen Essig abschmecken.

Tomatenketchup

Für 5 Flaschen à 500 ml
2 kg reife Tomaten
2 mittelgroße Zwiebeln
1 TL Salz
100 g Zucker
100 ml Essig
je 1/4 TL Fenchelsamen, Senfkörner und Gewürznelken
1 Stück Zimtstange
Cayennepfeffer

Die Tomaten abziehen, grob zerkleinern und dabei die Stielansätze entfernen. Die Zwiebeln schälen und fein würfeln. Beide Zutaten in einen großen Topf geben. Bei mittlerer Hitze zum Kochen bringen und bei schwacher Hitze zugedeckt etwa 30 Minuten kochen, bis die Zwiebeln weich sind.

Die Tomaten pürieren. Salz, Zucker und Essig untermischen. Fenchelsamen, Senfkörner, Nelken und zerkrümelte Zimtstange in ein Stoffsäckchen geben, zubinden und zu den Tomaten geben.

Ketchup im offenen Topf bei schwacher Hitze 3 bis 4 Stunden sanft kochen lassen, bis die Tomaten ganz dick eingekocht sind. Dabei immer wieder umrühren. Das Gewürzsäckchen entfernen, Ketchup mit Cayennepfeffer abschmecken, kochend heiß in heiß ausgespülte Flaschen mit Twist-off-Verschluss füllen und sofort verschließen.

Gewürzgurken

Für 4 Gläser à 1 l
2 kg kleine Gurken
4 EL Meersalz
2 rote Chilischoten
100 g kleine junge Zwiebeln
je 1 EL Pfeffer- und Senfkörner
1 TL Gewürznelken
1/2 l Wasser
1/2 l Weißweinessig
100 g brauner Zucker
1 Päckchen Gurken-Einmachhilfe

Die Gurken in einer Schüssel mit kaltem Wasser sehr gut waschen, abgießen und abtropfen lassen. In einem Glasgefäß mit 3 EL Salz bestreuen und gerade eben mit kaltem Wasser bedecken. Ein Tuch über das Gefäß legen und die Gurken 24 Stunden in einem kühlen Raum ziehen lassen.

Herausnehmen und abtrocknen. Die Chilischoten waschen, halbieren und die Kerne entfernen. Die Zwiebeln gründlich waschen und halbieren.

Gurken, Chili, Zwiebeln und Gewürze in saubere, kochend heiß ausgespülte Twist-off-Gläser geben. Wasser mit dem restlichen Salz, Essig, Zucker und Einmachhilfe aufkochen und rühren, bis sich der Zucker gelöst hat. Sud kochend heiß über die Gurken gießen.

Die Gläser schließen und die Gurken kühl und dunkel mindestens 4 Wochen ziehen lassen.

Für die Gewürze aus einem großen Stoff-Teesäckchen den Metallbügel entfernen. Das gefüllte Säckchen mit Küchengarn zubinden.

Senffrüchte

Die getrockneten Früchte waschen, abtropfen lassen und in einer Porzellan- oder Glasschüssel mit Essig und Wein mischen und zugedeckt bei Zimmertemperatur über Nacht ziehen lassen. Das eingeweichte Obst abgießen, die Flüssigkeit auffangen und in einen Topf geben. Die Schalotten schälen und grob zerkleinern. Die Birnen vierteln, schälen, vom Kerngehäuse befreien und in Stücke schneiden. Die Ananasscheiben ebenfalls in Stücke schneiden. Die abgetropfte Flüssigkeit mit Zucker, Ingwer, Chili, Zimt und Lorbeerblättern mischen und aufkochen. Schalotten, Birnen und Ananas zugeben und unter Rühren bei mittlerer Hitze etwa 10 Minuten kochen. Das eingeweichte Trockenobst untermischen. Die Früchte in der Flüssigkeit abkühlen lassen. Mit einem Schaumlöffel herausnehmen und in saubere, kochend heiß ausgespülte Twist-off-Gläser geben. Die Flüssigkeit knapp 5 Minuten im offenen Topf sprudelnd kochen, bis sie etwa so dick wie Sahne ist. Von der Kochstelle nehmen, mit dem Senfpulver verrühren und über den Früchten verteilen. Die Gläser verschließen und die Früchte 1 Woche ziehen lassen. Im Kühlschrank halten sich die Senffrüchte mindestens 4 Wochen.

Für 4 Gläser à 450 g
100 g getrocknete Aprikosen
100 g getrocknete Feigen
100 g Korinthen
100 g getrocknete Cranberries
3/8 l Weißweinessig
1/2 l trockener Weißwein
200 g Schalotten
2 feste Birnen
2 Scheiben frische Ananas
150 g Rohr- oder Rübenzucker
1 TL Ingwerpulver
1 TL Chiliflocken
1/2 TL Zimtpulver
4 Lorbeerblätter
1 EL gelbes Senfmehl

Gemüse und Kräuter einkochen, einfrieren und einsalzen.

Für Wintervorrat sorgen

Tomaten kann man auch ohne Zucker oder Essig für den Winter einkochen. Zum Einfrieren packt man sie einfach ungeschält in Beutel. Nach dem Auftauen kann man die Schale abziehen.

Frisch vom Beet weg

Spätestens ab Mitte Juli geht es los – man kann das Gemüse gar nicht so schnell essen wie es wächst. Also starten Landleute die zweite Einkochphase und packen den Segen in Topf, Gefrierer und Salzfass.

Bohnen verwerten

Juli und August sind Bohnen-Monate: Packen Sie die frisch gepflückten Bohnen einfach in Gefrierbeutel und ab damit ins Eis – vorher blanchieren ist nicht notwendig. Falls Sie mal zu spät dran waren beim Ernten und die Hülsen nicht mehr schön zart sind, machen Sie Püree für den Winter: Die Bohnen in wenig Wasser oder Brühe sehr weich kochen, durch die Flotte Lotte drehen und in Portionen einfrieren. Das Püree schmeckt in der Gemüsesuppe oder mit einem tüchtigen Schuss Sahne und/oder Pesto als Nudelsauce. Ein Löffel davon gibt auch der Sauce von Schmorbraten ein tolles Sommeraroma.

Tomaten einkochen

Im September hat die Sonne noch soviel Kraft, dass eine ganze Menge Tomaten am Stock reift. Diese späten Früchte sind gut zum Einkochen: Erst grob geschnittene Zwiebeln, Knoblauch und Salbei, Rosmarin oder Thymian in Olivenöl andünsten. Die abgezogenen Tomaten dazugeben und schmoren, bis sie eben weich sind. Dann rasch und kochend heiß in saubere, heiß ausgespülte Twist-Off-Gläser füllen und die Gläser sofort verschließen.

Gemüsetopf für den Vorrat

Was vor dem Frost noch an Möhren, Roter Bete, Mangold, Lauch, Zucchini und Pastinaken auf dem Beet steht, wandert gemeinsam in einen großen Kochtopf. Für die Bindung einen Hokkaido-Kürbis dazugeben, für den Geschmack kräftige Fleischbrühe oder nur einen großen Löffel Fett von der Brühe. Dann kocht man das Ganze weich. Mit dem Mixstab pürieren, in Gläser gefüllt einfrieren und fertig ist der Gemüsecreme-Suppenvorrat für den Winter, die Sauce für Nudeln, Gratin und Lasagne. Gewürzt wird erst später beim Zubereiten.

Suppeneinlage

Lauchzwiebeln, Kohl und Paksoi sollten Sie weder roh noch blanchiert einfrieren; das Gemüse schmeckt am besten, wenn Sie es grob zerkleinert in kräftiger Brühe kochen. Portionsweise mit der Kochbrühe in Tiefkühlboxen füllen. Für die Zubereitung kurz antauen und in der Suppe auftauen lassen und erhitzen.

Eingesalzenes Suppengrün

Petersilie, geschälte Möhren, Pastinaken und Sellerieknolle, Knoblauch, Lauch oder Zwiebeln waschen und putzen (Schälen ist nicht notwendig). Alles durch den Fleischwolf drehen. In einer Schüssel salzen – genau so wie Sie Gemüse normalerweise salzen. Gut durchmischen und in sauber gespülte kleine Schraubgläser füllen. In den verschlossenen Gläsern kühl, geöffnet im Kühlschrank aufbewahren. Wenn sich mal ein Deckel leicht wölbt, das Gläschen öffnen und wieder gut zudrehen. Das „Eingesalzene" teelöffelweise als Würze für Suppen und Saucen verwenden.

Knoblauch-Kräutersalz

Eine ganze Knoblauchknolle schälen, die Zehen mit 100 g feinem Meersalz zerdrücken. 2 Handvoll frisch gepflückte Kräuterblättchen wie Basilikum, Thymian, Rosmarin, Bohnenkraut und einige Lavendelblättchen mit dem Wiegemesser fein zerkleinern. Mit dem Knoblauchsalz vermischen und in ein Schraubglas geben. Mit einer Schicht Olivenöl versiegeln. Zum Würzen wie frische Kräuter verwenden, doch dabei den Salzgehalt beachten. Passt zu Gemüse- und Kartoffelsuppe, Fisch, Fleisch und Geflügel.

Kräuter aus dem Salztopf

Gut geeignet sind zum Beispiel Petersilie, Dill, Majoran, Oregano, Bohnenkraut, Thymian: 150 g frisch gepflückte, gewaschene und gut trocken getupfte Kräuter mit Stielen locker in ein Glas schichten und mit 2 TL feinem Meersalz bestreuen. Mit angefeuchtetem Einmach-Zellophan bedecken und zubinden. In den Kühlschrank stellen und in den ersten Tagen regelmäßig kontrollieren, ob sich Flüssigkeit gebildet hat. Wenn ja, 1 weiteren TL Salz zwischen die Kräuter streuen.

Salzkräuter verwenden

Zum Würzen die entsprechende Menge entnehmen, eventuell kurz in stehendem Wasser abspülen. Wie frische Kräuter verwenden, aber den Salzgehalt beim Würzen beachten.

Pilz-Salz

500 g frische Mischpilze putzen, Lamellen und Röhren entfernen. Die Pilze in dünne Scheiben schneiden und auf einem Backblech ausbreiten. Mit 150 g grobem Meersalz und 2 EL gehackter Petersilie bestreuen und im Backofen bei 50 °C ganz trocknen lassen – das dauert mindestens 1 Tag. In einem Mörser zerreiben und in Schraubgläser füllen.

Schön sauer machen ...

Sauerkraut kennen Sie natürlich, doch wie steht es mit eingelegtem Meerrettich-Kraut oder Sommergemüse mit Thymian? Milchsauer Eingelegtes ist seit Jahrhunderten unverzichtbar für die Winterküche, übrigens nicht nur auf dem Land. Das besondere ist nämlich der hohe Vitamin-C-Gehalt, der im Gärtopf sogar noch zunimmt. Wenn Sie also gesundes, nährstoffreiches Essen mögen, liegen Sie mit Milchsaurem genau richtig. Es fördert die Verdauung, kurbelt die Leberfunktion an und reguliert die Magensäure. Der aromatische Geschmack entsteht durch Gärung, die dabei freiwerdende Milchsäure schützt vor Verderb, macht die rohen Zutaten würzig und mürbe. Dass wir vor allem Sauerkraut essen, hängt nur mit der reichen Ernte hierzulande zusammen. In traditionellen Gemüseregionen legt man auch Paprikaschoten, Möhren, Rote Bete, Tomaten, Zucchini ein – eben alles, was der Sommer reifen lässt. Für selbst gemachtes Sauerkraut nehmen Sie zwar spätes Herbstkraut, doch möglichst kleine Köpfe, die schön zart beim Gären bleiben. Milchsauer eingelegtes Frühweißkraut wird oft matschig und große Kohlköpfe bleiben zu hart. Das Gute an der Milchsauer-Methode: Mit geringem Aufwand kriegen Sie viel Gemüse in den Topf und können monatelang davon essen.

Auf dem Land fängt man die sommerliche Gemüseschwemme seit jeher mit Salz, Zucker und Essig auf. Richtig gelagert hält sich süßsauer Eingelegtes fast den ganzen Winter.

Die richtigen Gefäße

Für kleine Menge sind Schraubgläser praktisch: Für die Gärung werden die Deckel nur lose aufgelegt. Sobald das Gemüse fertig ist, können Sie die Gläser richtig verschließen.

Gärtöpfe brauchen Sie für große Mengen: Diese Steingutgefäße gibt es in Haushaltswarengeschäften, Bioläden und Online-Shops. Auch andere Steinguttöpfe oder große Einmachgläser können Sie nehmen und beim Lagern einfach mit angefeuchtetem Zellophan bedecken und zubinden.

Das Gemüse einlegen

Das Gemüse waschen, putzen und fein schneiden: Je feiner das Gemüse zerkleinert ist, desto mürber wird es später durch die Gärung. Größere Stücke bleiben knackiger. Nun in Gläser schichten und mit einer Salzlösung übergießen, sodass es vollkommen bedeckt ist: Für 1 kg geschnittenes Gemüse brauchen Sie etwa 1 1/2 l Wasser und 10 g Salz guter Qualität. Den Deckel zunächst nur locker auf das Glas legen, damit das Gemüse gut eine Woche bei Zimmertemperatur gären kann. Danach für sechs Wochen kühl stellen. Während der Gärung müssen Sie ab und an einmal daran schnuppern: Wenn es wie Sauerkraut riecht, stimmt die Gärung.

Das Gemüse lagern

Nach dem Gären soll das Gemüse für mindestens sechs Wochen kühl und dunkel gelagert werden. Während dieser Zeit klärt sich der trübe Sud von selbst, und Ihr Gemüse kann auch schon auf den Tisch. Doch durch weiteres Lagern nimmt die Säure ab, der Geschmack wird milder und harmonischer.

Kontrolle ist wichtig

Richtig zubereitet und gelagert hält sich das Gemüse mindestens ein halbes Jahr. Achten Sie darauf, dass es beim Gären und beim späteren Lagern immer gut mit Flüssigkeit bedeckt ist, sonst verdirbt es. Am besten decken Sie es mit einem großen Kohlblatt oder auch ein paar Weinblättern ab, damit nichts hochsteigen und aus dem Sud ragen kann. Wichtig: In weiten Gefäßen müssen Sie das Gemüse zusätzlich zu den Kohl- oder Weinblättern mit einem Teller und einem Stein beschweren, damit es nicht nach oben schwimmt und verdirbt. Je nach Gemüseart und Temperatur bildet sich beim Gären manchmal Schaum an der Oberfläche. Das schadet nicht, und Sie können den Schaum einfach abheben. Tatsächlich verdorbenes Gemüse riecht sehr unangenehm und muss selbstverständlich auf den Kompost geworfen werden.

Das Gemüse anrichten

Tomaten, Paprikaschoten und Möhren schmecken mit Olivenöl beträufelt gut auf geröstetem Brot, das Sie mit Knoblauch eingerieben haben. Jedes eingelegte Gemüse können Sie kurz schmoren und als Beilage zu Braten servieren. Ebenfalls sehr fein sind säuerliche Suppen mit einem tüchtigen Löffel Schmand.

Hausmachersenf

Für 4 Gläser à 125 g
1 mittelgroße Zwiebel
150 ml Weißweinessig
150 ml Apfelwein (Cidre)
2 Lorbeerblätter
50 g gelbes Senfmehl
50 g rotes oder braunes Senfmehl
75 g Zucker
1 EL gelbe Senfkörner
1 TL Salz

Die Zwiebel schälen und in Scheiben schneiden. Mit Essig, Apfelwein und Lorbeerblättern in einen Topf geben, einmal aufkochen und zugedeckt bei schwächster Hitze 30 Minuten kochen lassen. Durch ein Sieb in eine Schüssel gießen. Das Senfmehl und den Zucker mit einem Schneebesen unter den Sud rühren. Zum Schluss die Senfkörner und das Salz untermischen. Falls der Senf zu dick ist, noch etwas Essig oder Apfelwein untermischen. Den Senf in Twist-off-Gläser geben. Gut verschließen und im Kühlschrank 2 Tage durchziehen lassen.

Für Honigsenf nehmen Sie nur braunes Senfpulver und trockenen Weißwein statt Cidre. Den fertigen Senf mit 1 bis 2 EL Klee- oder Lavendelhonig mischen.

Für Kräutersenf den fertigen Senf aus rotem Senfpulver mit 1 bis 2 TL fein zerkleinertem Thymian oder Rosmarin mischen.

Für Hagebuttensenf den fertigen Senf aus beliebigem Senfpulver mit 2 EL Hagebuttenmarmelade verrühren.

Senfpulver bekommen Sie auf großen Wochenmärkten beim Gewürzstand und in Feinkostgeschäften. Die gewünschte Schärfe können Sie selbst bestimmen: Braunes oder rotes Senfpulver ist viel schärfer als gelbes.

Scharfes Basilikum-Öl

Die Chilischote in ein großes, dunkles Schraubglas bröckeln. Die Kräuter waschen und sehr gut trocken tupfen. Unzerkleinert zur Chilischote geben. Mit dem Öl aufgießen und das Glas verschließen. Das Öl in einem kühlen Raum 2 Wochen ziehen lassen. Die Kräuter entfernen und das Öl in eine sauber gespülte dunkle Flasche füllen.
Für Kräuteröl 2 Rosmarinzweige und einige Salbeiblätter waschen, trocken tupfen und mit Olivenöl oder Sonnenblumenöl vermischt ziehen lassen.
Für Pilzöl 3 getrocknete Herbsttrompeten in Olivenöl ziehen lassen und nach etwa 4 Wochen entfernen, wenn das Öl aromatisiert ist.

1 getrocknete rote Chilischote
1 Handvoll Basilikum
1/4 l natives Olivenöl extra

Wie Essig entsteht

Im Prinzip ganz von selbst: Essigbakterien sind überall in der Luft, und wenn Sie eine alkoholhaltige Flüssigkeit wie Wein aus Trauben oder anderem Obst luftig und warm stehen lassen, siedeln sich die Bakterien darin an und verarbeiten den Alkohol zu Essig; sie brauchen dazu übrigens ein paar Monate. In der Flüssigkeit bildet sich eine gallertartige Masse, die Essigmutter, die man abfiltert und zum weiteren Essigbrauen verwendet. Gute Essigmutter wird unter Kennern ebenso weitergegeben wie gut gelungener Sauerteig. Allerdings schmeckt der „Rohessig" noch keineswegs aromatisch. Er muss mit Gewürzzutaten reifen und zwar jahrelang, genau wie guter Wein. Manche Menschen sind wahre Virtuosen in der Essigproduktion. Damit Sie auf alle Fälle Erfolg haben, hier zwei Essig-Rezepte, bei denen nichts schief gehen kann.

Johannisbeer-Balsamico

Je 1/8 l frisch durchgepressten Johannisbeersaft und Balsamessig mischen. Mit 1 TL bestem Honig würzen und in eine saubere, kochend heiß ausgespülte Flasche füllen. Der Essig hält sich etwa 3 Monate.

Thymianessig

10 gewaschene Thymianzweige mit 1 geschälten und grob geschnittenen Schalotte in zwei saubere, kochend heiß ausgespülte große Schraubgläser geben und mit 1 l Weißweinessig übergießen. Gläser schließen und 2 Wochen in einem kühlen, hellen Raum ziehen lassen. Dann abfiltern und in saubere Flaschen geben.

Weißkraut mit Tomaten und Meerrettich

Das Wasser mit dem Salz aufkochen und wieder abkühlen lassen. Das Weißkraut putzen und achteln, den Strunk herausschneiden. Die Kohlstücke in Streifen schneiden. Die Tomaten und den Dill waschen, den Meerrettich schälen, waschen und in Scheiben schneiden.

Kohl mit Tomaten, Dill-Dolden und Meerrettich in ein großes oder mehrere kleine Gefäße schichten, dabei die Wacholderbeeren und die Pfefferkörner einstreuen. Das Salzwasser mit dem Brottrunk mischen und über das Gemüse gießen. Das Gefäß lose mit einem Deckel oder mit Einmachfolie bedecken. Acht bis zehn Tage bei Zimmertemperatur stehen lassen. Dann in einen kühlen, dunklen Raum oder in den Kühlschrank stellen, bis der Sud klar ist.

Für 10 Portionen

2 1/2 l Wasser
10 g Salz
1,5 kg junger Weißkohl
8–10 feste Cocktailtomaten
2 Dill-Dolden
1/4 Stange Meerrettich (etwa 50 g)
1 TL Wacholderbeeren
1/2 TL Pfefferkörner
1/4 l Brottrunk

Brottrunk ist eine Variante des russischen Kwas, allerdings ohne Alkohol: Er besteht aus milchsauer vergorenem Vollkornbrot und beschleunigt und reguliert die Gärung. Zu kaufen gibt es ihn in Supermärkten und Reformhäusern.

Weinsauerkraut mit Apfel

Für 20 Portionen
2 1/2 l Wasser
10 g Salz
1/4 l trockener Weißwein
1/4 l Brottrunk
3 kg junger Weißkohl
2 säuerliche Äpfel
2 Zwiebeln
2 Lorbeerblätter
2 TL Wacholderbeeren
je 1 TL Pfeffer-, Senf- und Kümmelkörner

Das Wasser mit der halben Menge Salz aufkochen und wieder abkühlen lassen. Mit Wein und Brottrunk mischen. Das Weißkraut putzen und achteln, den Strunk herausschneiden und die Kohlstücke in ganz feine Streifen schneiden oder hobeln. Mit dem restlichen Salz in einer Schüssel mischen und mit einem Holzstampfer so lange stampfen, bis der Kohl glasig aussieht.

Die Äpfel vierteln, schälen, vom Kerngehäuse befreien und in Spalten schneiden. Die geschälten Zwiebeln in Ringe schneiden. Beide Zutaten mit Lorbeer, Wacholder, Pfeffer, Senfkörnern und Kümmel mischen. Diese Mischung mit dem Kohl in das Einlegegefäß füllen und mit dem Stampfer so fest zusammendrücken, dass die Luftbläschen entweichen. Mit Kohlblättern abdecken und mit der Wasser-Weinmischung übergießen.

Das Gefäß lose mit einem Deckel oder mit Einmachfolie bedecken. Acht bis zehn Tage bei Zimmertemperatur stehen lassen. Dann in einen kühlen, dunklen Raum oder in den Kühlschrank stellen, bis der Sud klar ist.

Milchsaures Sommergemüse

Für 20 Portionen
3 l Wasser
15 g Salz
3 frische Lorbeerblätter
3 kg grüne Bohnen, Kohlrabi, Zucchini, Möhren, Paprikaschoten und Zwiebeln
je 1 Handvoll Estragon und Petersilie
2 Bohnenkrautzweige
Blätter von Weißkohl oder Wirsing
etwa 1/4 l Brottrunk

Das Wasser mit Salz und Lorbeer aufkochen und abkühlen lassen. Die Bohnen in Salzwasser 10 Minuten kochen, mit kaltem Wasser übergießen und abtropfen lassen. Kohlrabi schälen, Zucchini und Möhren waschen. Alle drei Gemüse in Scheiben schneiden. Die geschälten Zwiebeln und die gewaschenen Paprikaschoten achteln. Kerne und Trennwände aus den Schoten entfernen. Die Kräuter waschen und trocken tupfen.

Das Einlegegefäß mit Kohl- oder Wirsingblättern auslegen. Das Gemüse und die Kräuterzweige in das Gefäß schichten, mit den restlichen Blättern abdecken. Das Salzwasser mit dem Brottrunk mischen und über das Gemüse gießen. Das Gefäß mit Deckel oder Einmachfolie bedecken und acht bis zehn Tage bei Zimmertemperatur stehen lassen. Dann in einen kühlen, dunklen Raum oder in den Kühlschrank stellen, bis der Sud klar ist.

Marktkalender für das ganze Jahr

Das ganze Jahr über preiswert und in guter Qualität: Kartoffeln, Zwiebeln, Kresse, Champignons, getrocknete Hülsenfrüchte, Kiwis, Bananen, Zitronen, getrocknete Früchte.

Januar

Gemüse: Artischocken, Chicorée, Rot- und Weißkohl, Wirsing, Grünkohl, Rosenkohl, Chinakohl, Feldsalat, Lauch, Sauerkraut, Möhren, Steckrüben, Schwarzwurzeln, Pastinaken und Petersilienwurzeln, Knollensellerie, schwarzer Winterrettich.

Obst: Äpfel, Birnen, Orangen, Grapefruits, Mandarinen, Clementinen, Ananas, Nüsse.

Wild und Geflügel: Hase, Kaninchen, Reh, Hirsch, Damhirsch, Wildschwein, Fasan, Rebhuhn, Suppenhuhn, Poularde, Pute, Gans, Ente, junge Taube.

Fische und Schalentiere: Aal, Karpfen, Lachs, Hecht, Zander, Schlei, Barbe, Dorsch, Schellfisch, Seezunge, Scholle, Stockfisch, Austern, Miesmuscheln, Kaviar, geräucherter und marinierter Fisch.

Februar

Gemüse: Artischocken, Chicorée, Brunnenkresse, Rot- und Weißkohl, Wirsing, Grünkohl, Chinakohl, Feldsalat, Lauch, Sauerkraut, Möhren, Petersilienwurzeln, Knollensellerie, schwarzer Winterrettich.

Obst: Äpfel, Orangen, Grapefruits, Mandarinen, Clementinen, Ananas, Nüsse.

Wild und Geflügel: Reh, Hirsch, Fasan, Rebhuhn, Schnepfe, Suppenhuhn, Poularde, Pute, junge Taube.

Fische und Schalentiere: Aal, Karpfen, Lachs, Zander, Schlei, Barbe, Dorsch, Schellfisch, Seezunge, Scholle, Stockfisch, geräucherter und marinierter Fisch.

März

Gemüse: Spinat, Radieschen, Löwenzahn, Brennnessel, Sauerampfer, Grüne-Sauce-Kräuter, Blumenkohl, Brunnenkresse, Weißkohl, Wirsing, Rotkohl, Lauch, Möhren, Petersilienwurzeln, Knollensellerie.

Obst: Äpfel, Orangen, Grapefruits, Mandarinen, Clementinen, Ananas, Nüsse.

Wild und Geflügel: Wildente, Schnepfe, Huhn, Poularde, Pute, junge Taube.

Fische und Schalentiere: Barsch, Karpfen, Lachs, Zander, Schlei, Kabeljau, Schellfisch, Seezunge, Scholle.

April

Gemüse: Spinat, Radieschen, Rettich, Sauerampfer, Grüne-Sauce-Kräuter, Hopfensprossen, weißer Spargel, Blumenkohl, Brunnenkresse, Petersilie, Schnittlauch, Möhren, Salat.

Obst: Rhabarber, Äpfel, Orangen, Grapefruits, Ananas, Nüsse.

Wild und Geflügel: Schnepfe, Huhn, Poularde, Pute, junge Taube.

Fische und Schalentiere: Karpfen, Forelle, Lachs, Zander, Schlei, Kabeljau, Schellfisch, Seezunge, Scholle, grüne Heringe.

Mai

Gemüse: Spinat, Mangold, Radieschen, Rettich, alle Kräuter, grüner und weißer Spargel, Kohlrabi, Blumenkohl, Frühlingszwiebeln, Möhren, Salat, Morcheln.

Obst: Rhabarber, Äpfel, Nüsse, Erdbeeren je nach Witterung.

Wild und Geflügel: Rehbock, Huhn, Poularde, Pute, junge Taube.

Fische und Schalentiere: Forelle, Lachs, Zander, Schlei, Kabeljau, Schellfisch, Seezunge, Scholle, grüne Heringe, Matjeshering.

Juni

Gemüse: Spinat, Mangold, Radieschen, Rettich, alle Kräuter, grüner und weißer Spargel, Blumenkohl, Brokkoli, Kohlrabi, Frühwirsing, Frühweißkohl und Spitzkohl, Teltower Rübchen, Buschbohnen, Dicke Bohnen, Erbsen, Salatgurken, Zucchini, Frühlingszwiebeln, Bundmöhren, Salat, Rote Bete.

Obst: Rhabarber, Erdbeeren, Süßkirschen

Wild und Geflügel: Rehbock, Huhn, Poularde, Pute, junge Taube.

Fische und Schalentiere: Forelle, Lachs, Zander, Seezunge, Scholle, Matjeshering.

Juli

Gemüse: Stangensellerie, Mangold, alle Kräuter, Blumenkohl, Brokkoli, Kohlrabi, neue Kartoffeln, Teltower Rübchen, Stangenbohnen, Buschbohnen, Dicke Bohnen, Erbsen, Salatgurken, Einlegegurken, Zucchini, Frühlingszwiebeln, Bundmöhren, Salat, Radieschen, Rettich, Rote Bete, Tomaten aus dem Gewächshaus.

Obst: Aprikosen, Erdbeeren, Himbeeren, Johannisbeeren, Stachelbeeren, Heidelbeeren, Süß- und Sauerkirschen, Mirabellen und Renekloden, Pflaumen, Pfirsiche, Nektarinen, Melonen.

Wild und Geflügel: Rehbock, Hirsch, Wildschwein, Fasan, Huhn, Poularde, Pute, junge Taube.

Fische und Schalentiere: Forelle, Lachs, Zander, Seezunge, Scholle, Matjeshering.

August

Gemüse: Artischocken, Auberginen, Tomaten, Paprikaschoten, Pastinaken, Lauch, Stangensellerie, Mangold, Blumenkohl, Brokkoli, Kohlrabi, neue Kartoffeln, Teltower Rübchen, Stangenbohnen, Buschbohnen, Dicke Bohnen, Erbsen, Salatgurken, Einlegegurken, Zucchini, Fenchel, Frühlingszwiebeln, Bundmöhren, Salat, Radieschen, Rettich, Rote Bete, Zuckermais, Thymian, Bohnenkraut, Salbei, Rosmarin, Pilze.

Obst: Aprikosen, Birnen, Äpfel, Brombeeren, Himbeeren, Johannisbeeren, Stachelbeeren, Heidelbeeren, Süß- und Sauerkirschen, Pfirsiche, Nektarinen, Melonen, Pflaumen, Preiselbeeren.

Wild und Geflügel: Rehbock, Hirsch, Damhirsch, Wildschwein, Hase, Kaninchen, Fasan, Wildente, Huhn, Poularde, Pute, junge Taube.

Fische und Schalentiere: Forelle, Lachs, Zander, Hecht, Seezunge, Scholle, Matjeshering.

September

Gemüse: Artischocken, Auberginen, Tomaten, Paprikaschoten, Pastinaken, Lauch, Stangensellerie, Mangold, Thymian, Bohnenkraut, Salbei, Rosmarin, Blumenkohl, Brokkoli, Kohlrabi, Kartoffeln, Stangenbohnen, Buschbohnen, Salatgurken, Einlegegurken, Fenchel,

Zucchini, Zwiebeln, Möhren, Salat, Radieschen, Rettich, Rote Bete, Zuckermais, Weiß- und Rotkohl, Wirsing, Endivie, Chinakohl, Topinambur, Spinat, Pilze.

Obst: Birnen, Äpfel, Brombeeren, Weintrauben, Pfirsiche, Nektarinen, Melonen, Pflaumen, Zwetschgen, Preiselbeeren, Quitten, Nüsse, Kastanien.

Wild und Geflügel: Rehbock, Hirsch, Damhirsch, Wildschwein, Hase, Kaninchen, Fasan, Wildente, Rebhuhn, Schnepfe, Huhn, Poularde, Pute, Ente, Gans.

Fische und Schalentiere: Forelle, Lachs, Zander, Hecht, Seezunge, Scholle.

Oktober

Gemüse: Tomaten, Paprikaschoten, Chicorée, Zuckerhut, Pastinaken, Petersilienwurzeln, Lauch, Stangensellerie, Thymian, Bohnenkraut, Salbei, Rosmarin, Blumenkohl, Brokkoli, Kohlrabi, Kartoffeln, Stangenbohnen, Buschbohnen, Fenchel, Einlegegurken, Zucchini, Zwiebeln, Möhren, Salat, Radieschen, Rettich, Rote Bete, Zuckermais, Weiß- und Rotkohl, Wirsing, Endivie, Chinakohl, Topinambur, Herbstrüben, Meerrettich, Kürbis, Spinat.

Obst: Birnen, Äpfel, Weintrauben, Pfirsiche, Nektarinen, Pflaumen, Zwetschgen, Preiselbeeren, Quitten, Nüsse, Kastanien.

Wild und Geflügel: Rehbock, Hirsch, Damhirsch, Wildschwein, Hase, Kaninchen, Fasan, Wildente, Rebhuhn, Schnepfe, Huhn, Poularde, Pute, Ente, Gans.

Fische und Schalentiere: Karpfen, Lachs, Zander, Hecht, Schlei, Schellfisch, Seezunge, Scholle.

November

Gemüse: Chicorée, Feldsalat, Zuckerhut, Endivie, Petersilienwurzeln, Lauch, Kartoffeln, Zwiebeln, Möhren, Rote Bete, Chinakohl, Topinambur, Rot- und Weißkohl, Wirsing, Grünkohl, Rosenkohl, Sauerkraut, Steckrüben, Herbstrüben, Schwarzwurzeln, Knollensellerie, schwarzer Winterrettich, Meerrettich, Kürbis.

Obst: Äpfel, Birnen, Quitten, Nüsse, Ananas, Orangen, Grapefruits, Clementinen, Mandarinen.

Wild und Geflügel: Rehbock, Hirsch, Damhirsch, Wildschwein, Hase, Kaninchen, Fasan, Wildente, Rebhuhn, Schnepfe, Huhn, Poularde, Pute, Ente, Gans.

Fische und Schalentiere: Karpfen, Lachs, Zander, Hecht, Schlei, Schellfisch, Seezunge, Scholle, grüne Heringe.

Dezember

Gemüse: Chicorée, Feldsalat, Zuckerhut, Endivie, Petersilienwurzeln, Artischocken, Lauch, Kartoffeln, Zwiebeln, Möhren, Rote Bete, Chinakohl, Rot- und Weißkohl, Grünkohl, Rosenkohl, Sauerkraut, Steckrüben, Schwarzwurzeln, Knollensellerie, schwarzer Winterrettich, Meerrettich, Kürbis.

Obst: Äpfel, Birnen, Quitten, Nüsse, Ananas, Orangen, Grapefruits, Clementinen, Mandarinen.

Wild und Geflügel: Rehbock, Hirsch, Damhirsch, Wildschwein, Hase, Kaninchen, Fasan, Wildente, Rebhuhn, Schnepfe, Suppenhuhn, Poularde, Pute, Ente, Gans.

Fische und Schalentiere: Karpfen, Lachs, Zander, Hecht, Schlei, Schellfisch, Seezunge, Scholle, grüne Heringe.

Der Vorrat für den Winter

Die Ernte ist eingebracht, jetzt geht es darum, wie man Obst und Gemüse am besten möglichst lange haltbar macht.

Einfrieren

Erdbeeren
Kirschen und Sauerkirschen (entsteint)
Mirabellen, Renekloden, Zwetschgen (entsteint)
Zucchini (roh oder im Ofen mit Olivenöl gebacken)
Bohnen
Tomaten (ungeschält, die Schale löst sich beim Auftauen)
Dicke Bohnen (enthülst)
Erbsen (enthülst)
Zuckerschoten
Dill
Petersilie
gemischtes Gemüse (gekocht als Brei)
Paksoi (in Brühe gekocht)
Frühlingszwiebeln und junge Zwiebeln mit Grün (in Brühe gekocht)
Mangold (in Brühe gekocht)

Einkochen

Tomaten
Früchte für Kompott
Früchte für Marmelade
Früchte für Saft und Gelee
Apfel, Birnen, Quitten und Zwetschgen für Mus
Holunder für Saft und Gelee

Einlegen

Früchte in Alkohol oder Essig
Gurken
Paprikaschoten
Möhren
Sellerie
Rote Bete
Zucchini
Bohnen
Weißkohl, Rotkohl, Wirsing
Kräuter in Salz oder Öl

Trocknen

Bohnenkerne
Kräuter
Äpfel
Birnen
Zwetschgen
Aprikosen
Tomaten
Chilischoten

Einlagern

Äpfel
Birnen (je nach Sorte)
Möhren
Rote Bete
Pastinaken
Zwiebeln
Kartoffeln
Meerrettich

Auf dem Beet stehen lassen

Lauch
Grünkohl
Rosenkohl
Schwarzwurzeln
Endiviensalat (bis zum Frost)
Zuckerhut (bis zum Frost)

Register

Bildnachweis

Achmann: S. 129 links oben

Fotolia: S. 13 alle, 21 links unten, 42, 45 klein oben, 47 unten, 50 alle, 57 alle, 58, 60, 67 rechts oben, 77, 97, 101 rechts unten, 106, 120 oben, 121 unten, 131 links unten, 136, 137 alle, 144, 151 links unten, 151 rechts oben, 160, 168, 169 rechts oben, 169 links unten, 175 links unten, 179 mitte, 179 unten, 181, 197, 198, 201, 202 alle, 203 alle

Bildagentur Look: S. 5 unten, 7 mitte, 15 alle außer links oben, 54, 70, 72, 85, 101 links unten, 102, 112, 123 links oben, 123 links unten, 126, 131 links oben, 131 rechts unten, 145, 147 alle, 149 rechts oben, 149 rechts unten, 164, 200

Mauritius: S. 103, 128 alle, 129 rechts oben, 129 rechts unten, 169 links oben, 169 rechts unten

Newedel: S. 26, 38 oben

Paxmann: S. 96 oben, 120 unten, 140, 193 oben, 199 alle, 207

Rias-Bucher: S. 38 unten, 67 rechts unten, 73, 78, 82, 83, 96 unten, 134 links

Shotshop: S. 142

Stockfood: Umschlag alle, S. 4 alle, 5 oben, 6 alle, 7 unten, 7 oben, 8 alle, 9 alle, 10, 15 links oben, 16, 17, 19, 21 alle außer links unten, 22, 23, 25, 27, 28, 29, 30, 31, 33, 34, 35, 37, 38 mitte, 39, 41, 43, 45 klein unten, 45 groß, 47 oben, 47 mitte, 49, 51, 53, 59, 61, 62, 63, 65, 67 links oben, 67 links unten, 69, 75, 76, 79, 81, 84, 87, 88, 91 alle, 92, 93, 94, 95, 98, 99, 101 rechts oben, 101 links oben, 105, 107, 109, 110, 111, 113 alle, 114, 115, 117, 118, 119, 121 oben, 123 rechts unten, 123 rechts oben, 124, 125, 129 links unten, 131 rechts oben, 132, 133, 134 rechts, 135, 139, 141, 143, 149 links oben, 149 links unten, 151 links oben, 151 rechts unten, 153, 154 alle, 155 rechts, 157, 159, 161, 162, 165, 166, 167, 170 alle, 171, 172, 173, 174, 175 alle außer links unten, 176, 179 oben, 180, 183, 185, 186, 189, 191, 193 mitte, 193 unten, 195, 196, 205

ISBN 978-3-9813104-2-9

Gestaltung und Satz: Paxmann text • konzept • grafik, München

Alle Rezepte dieses Buches wurden mit Sorgfalt zusammengestellt und überprüft.
Eine Garantie kann jedoch nicht übernommen werden.

Printed in Italy 2010

Verlagswebsite: www.d-hverlag.de
Themenwebsite: www.aus-liebe-zum-landleben.de